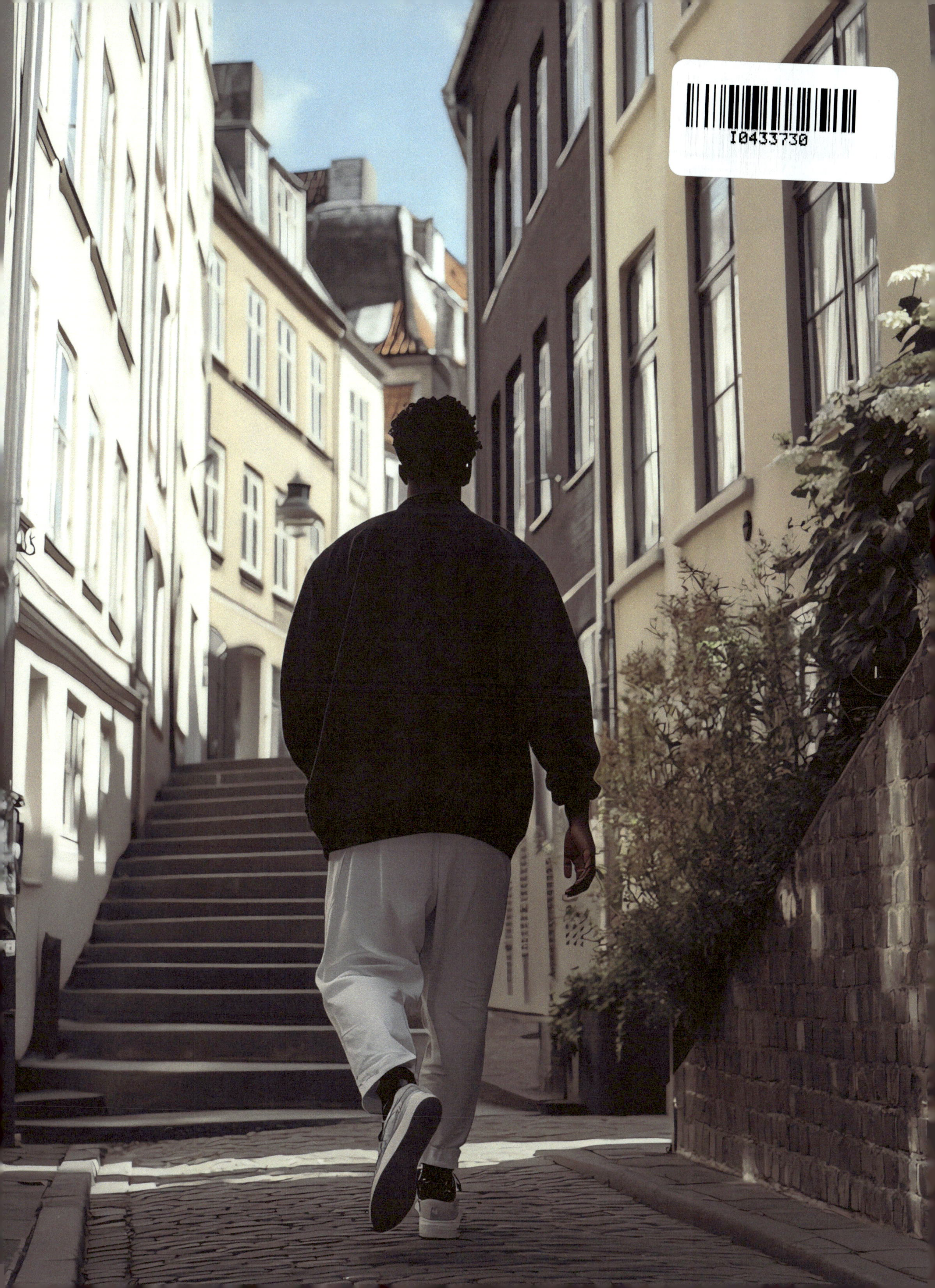

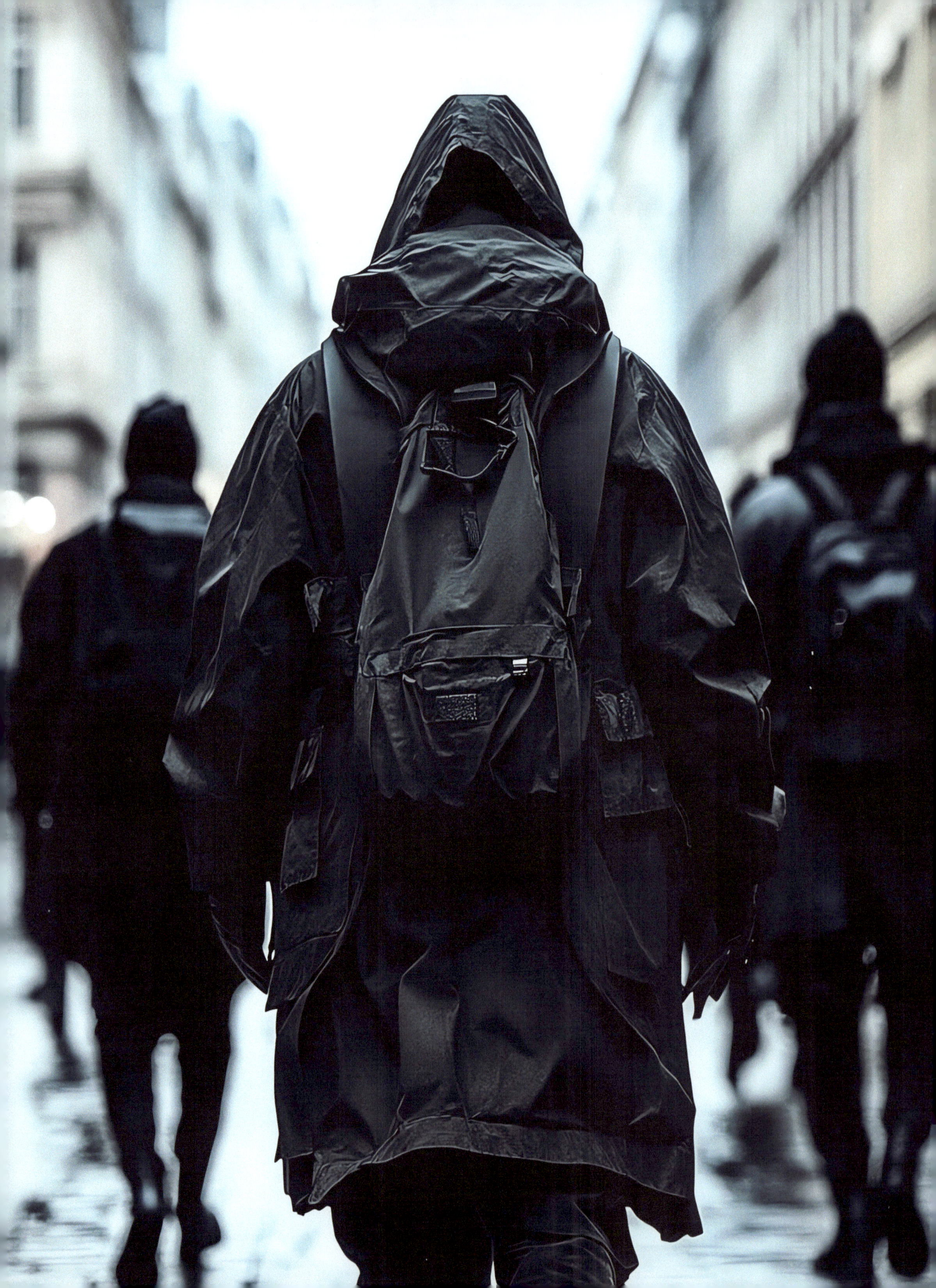

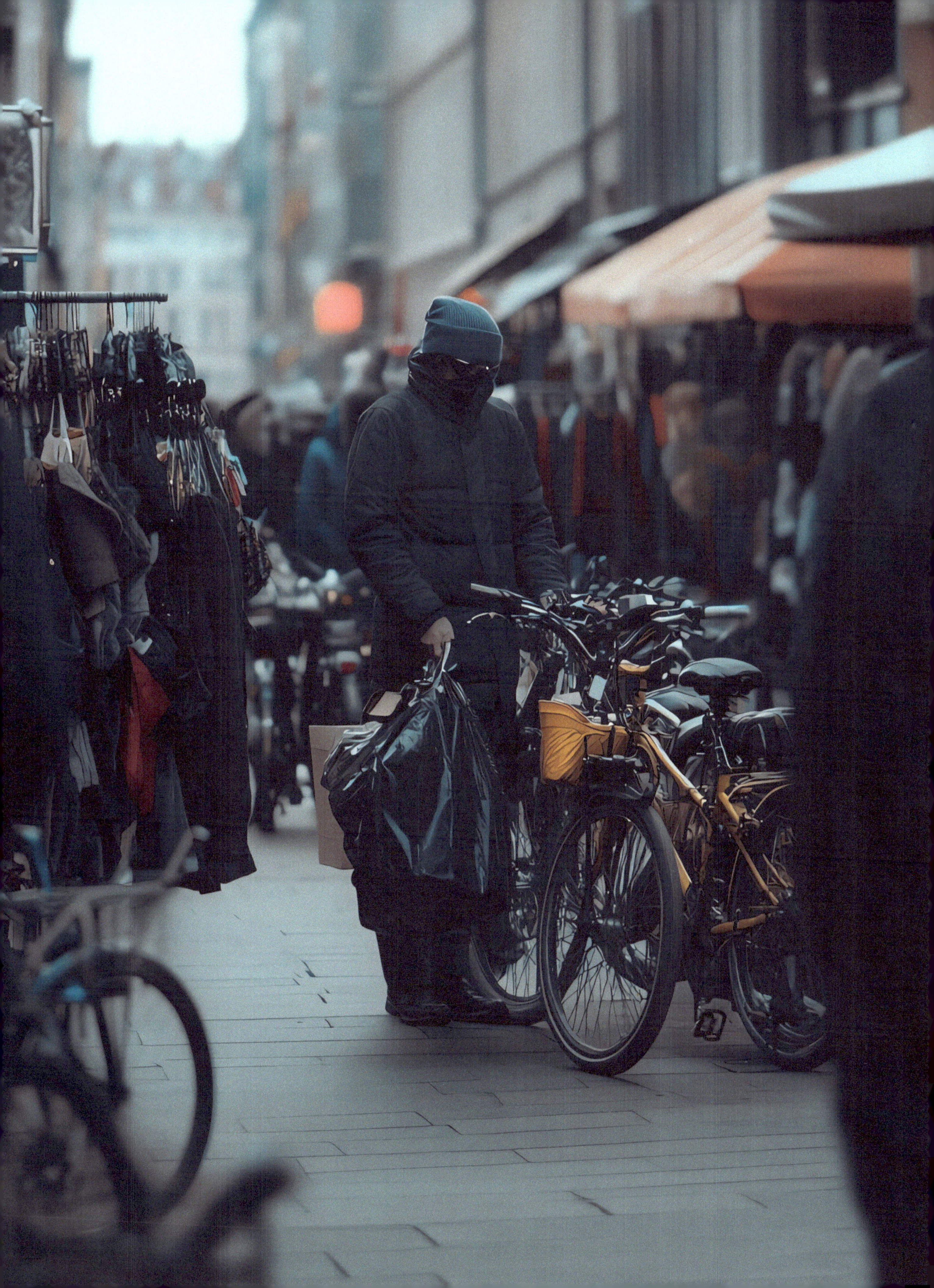

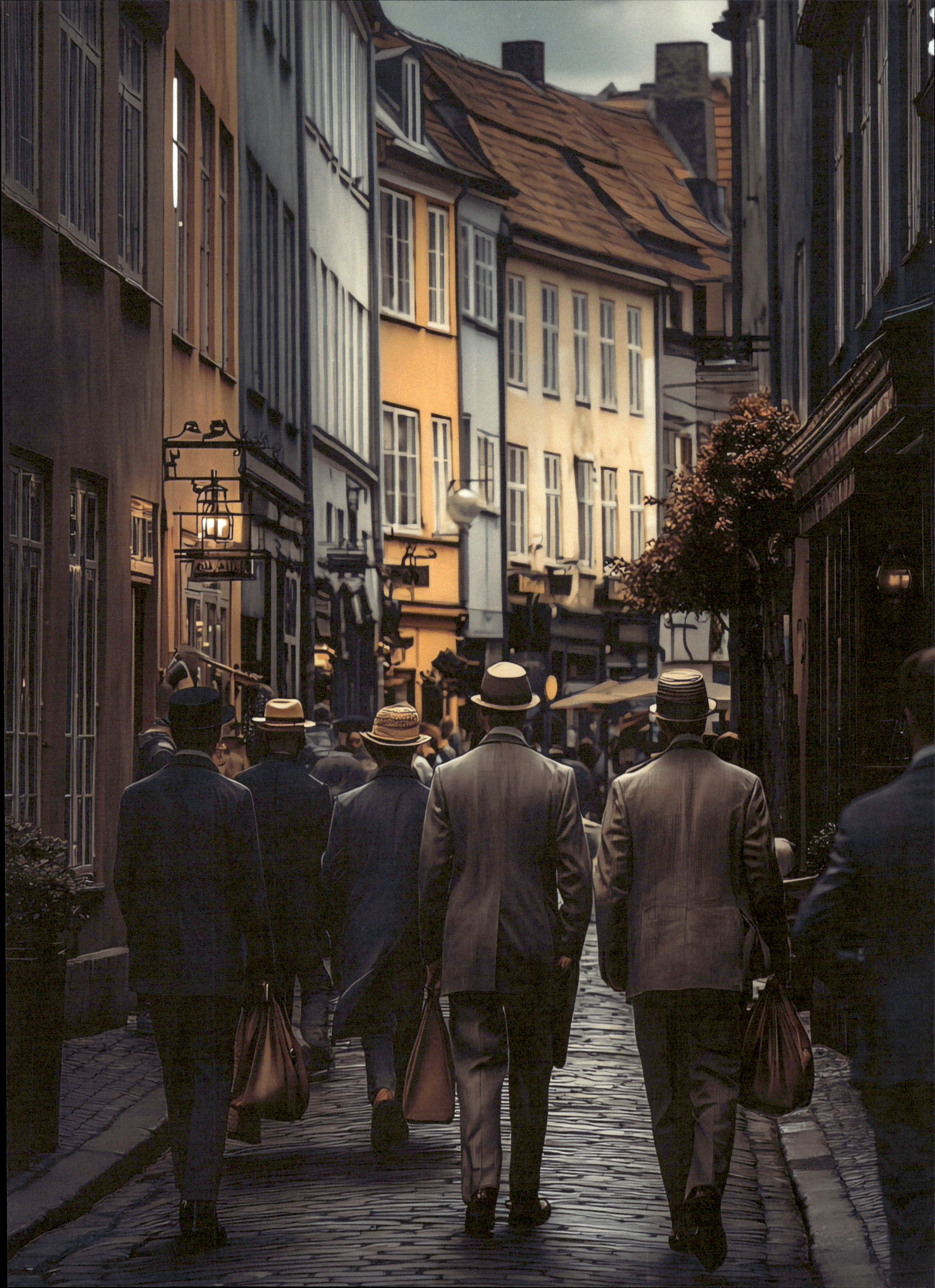

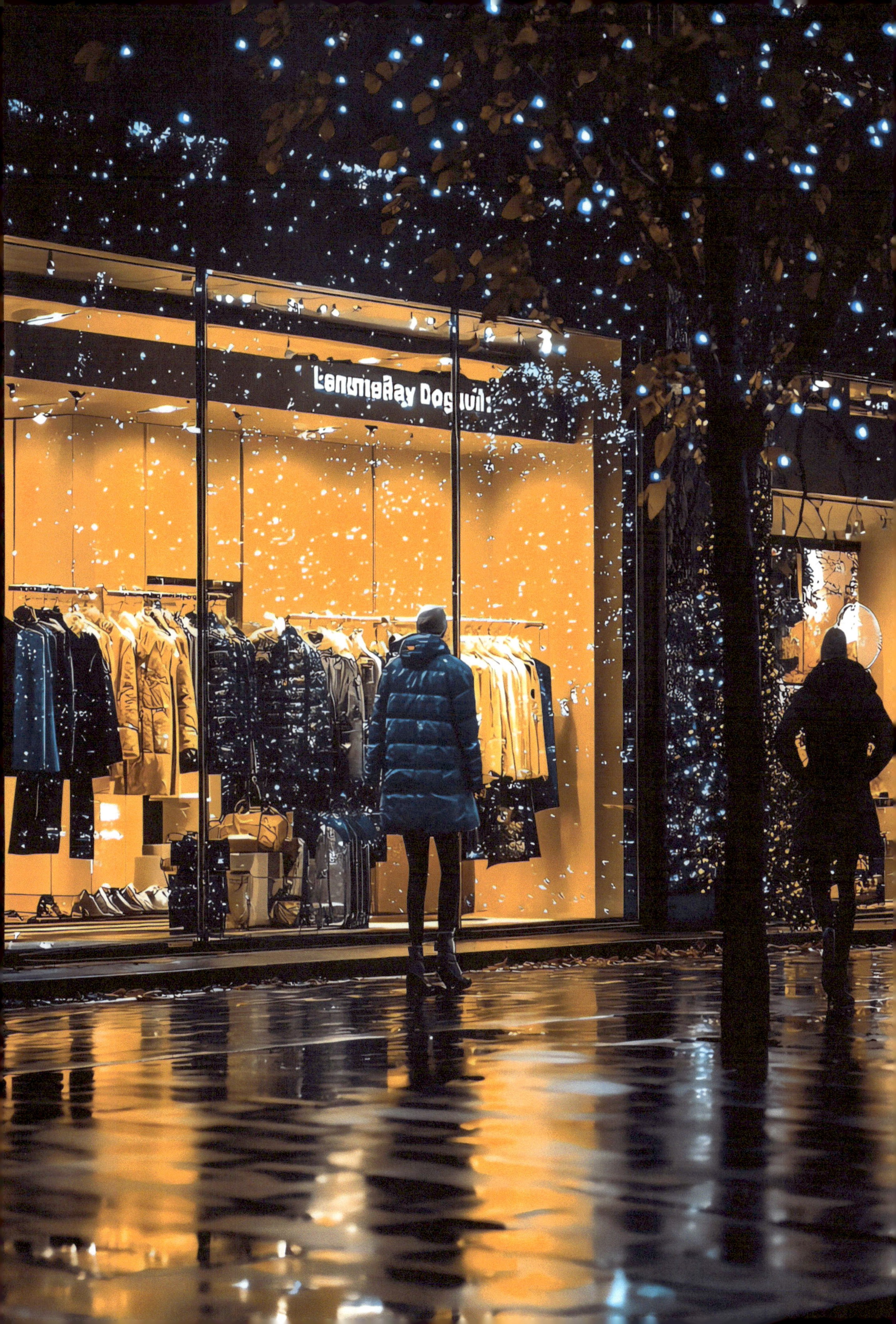

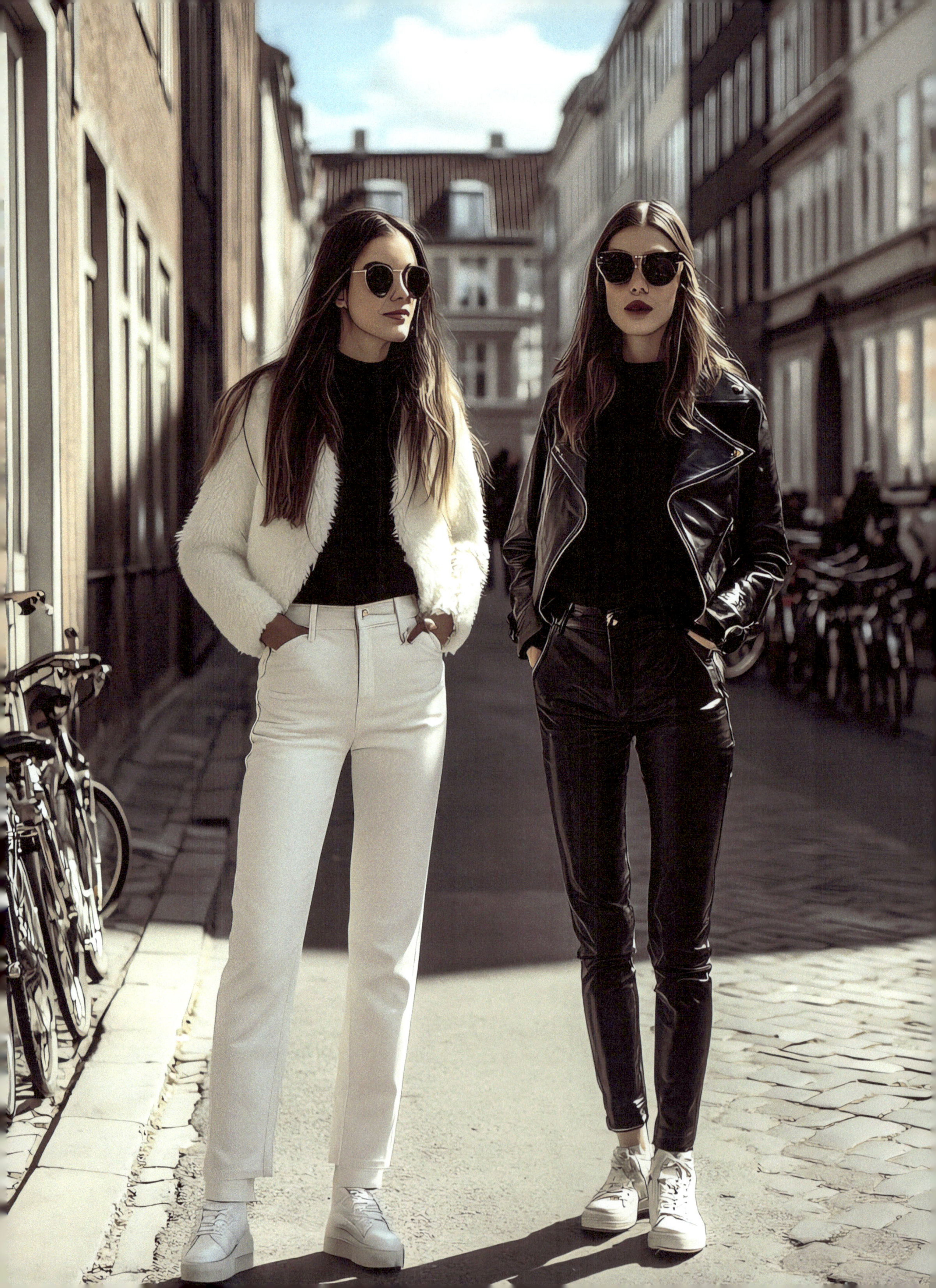

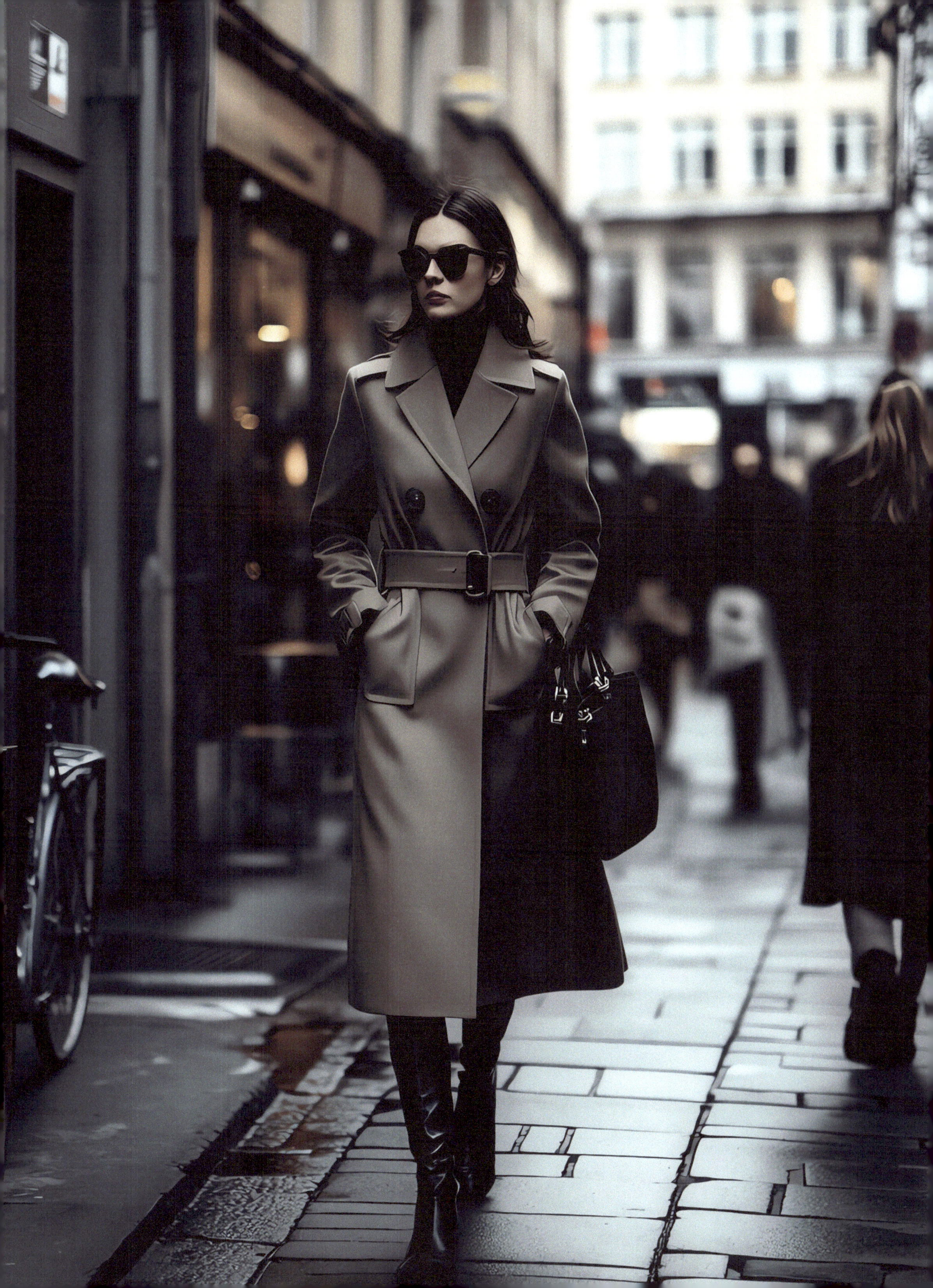

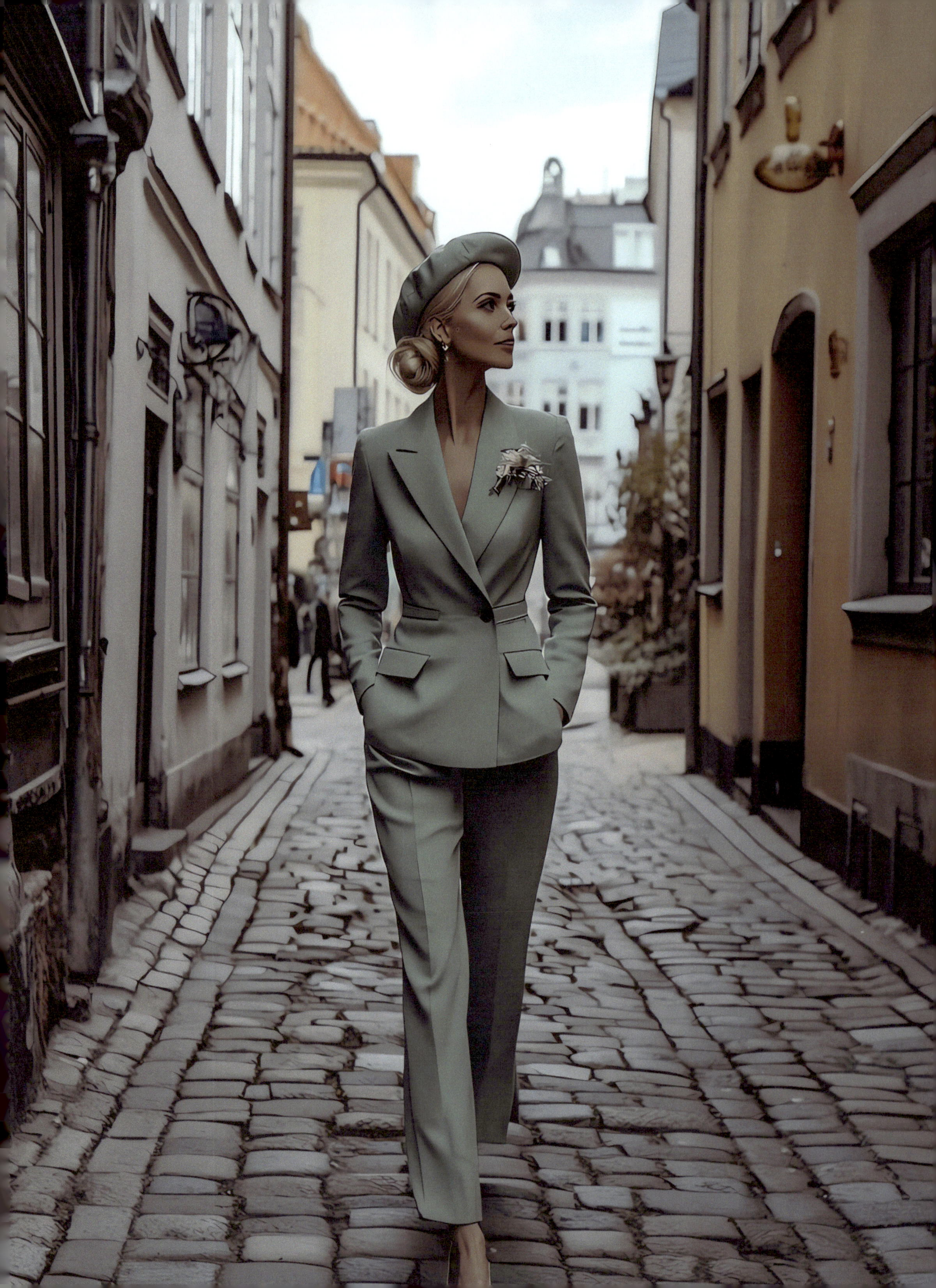

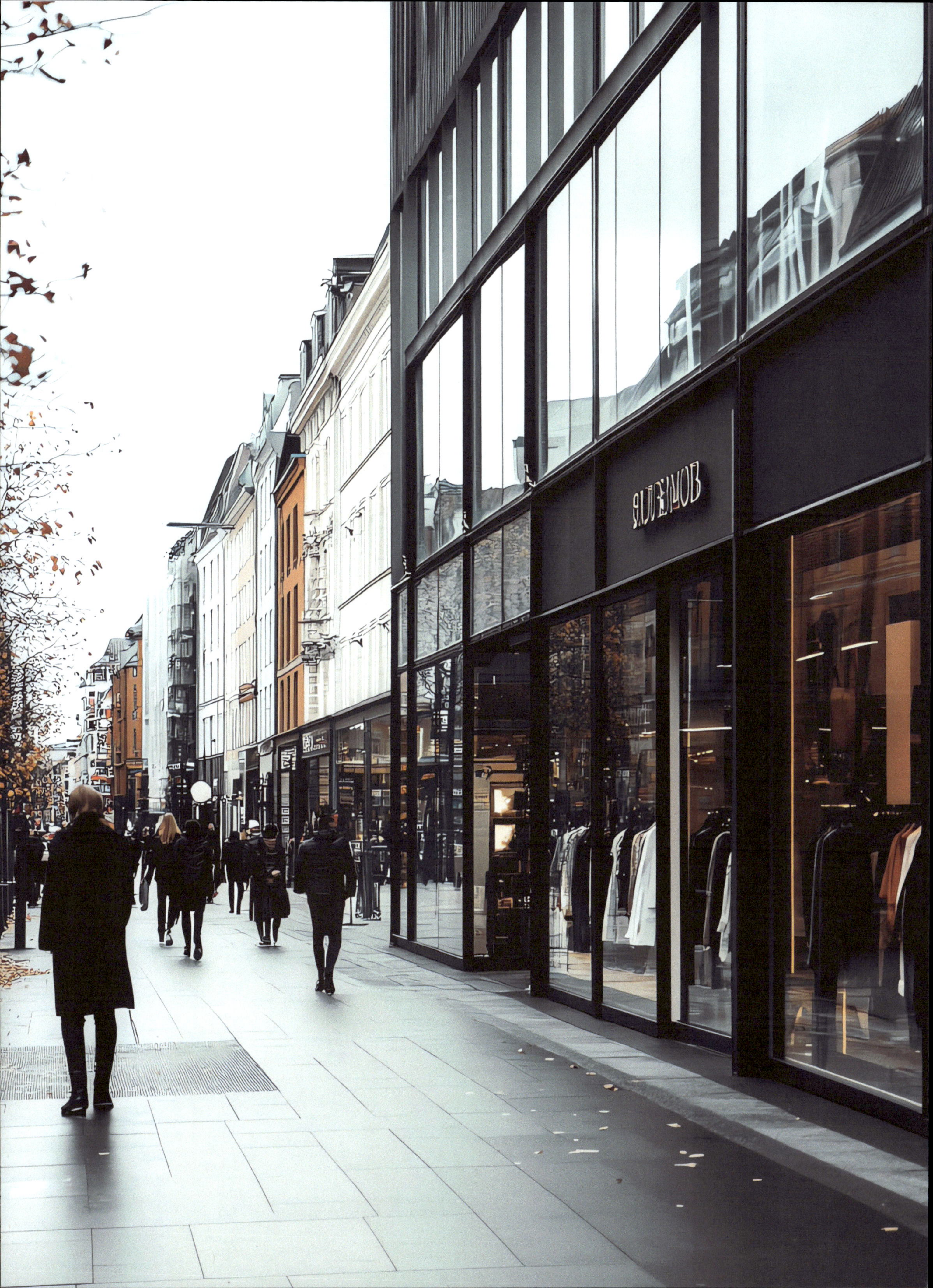

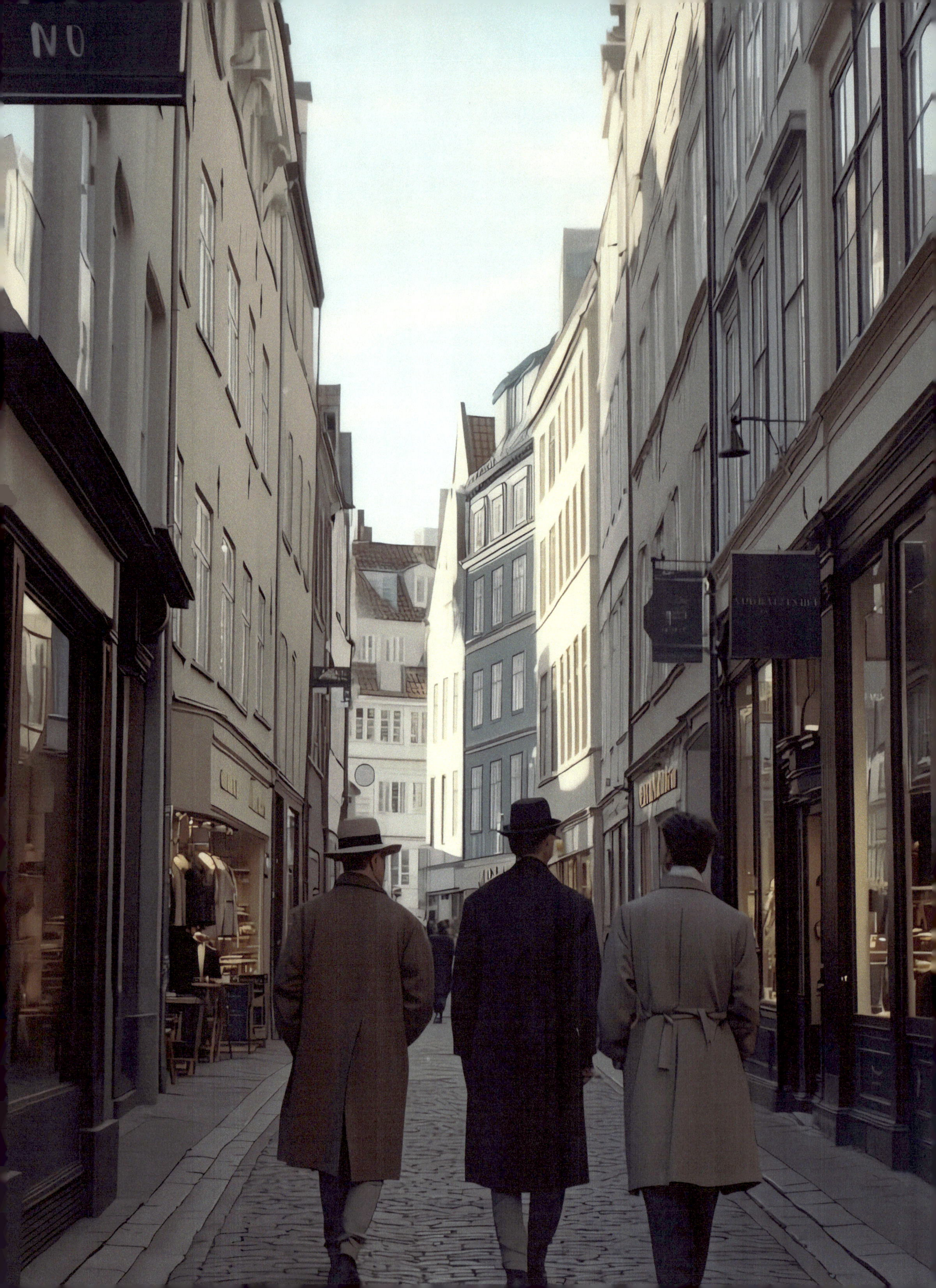
NO

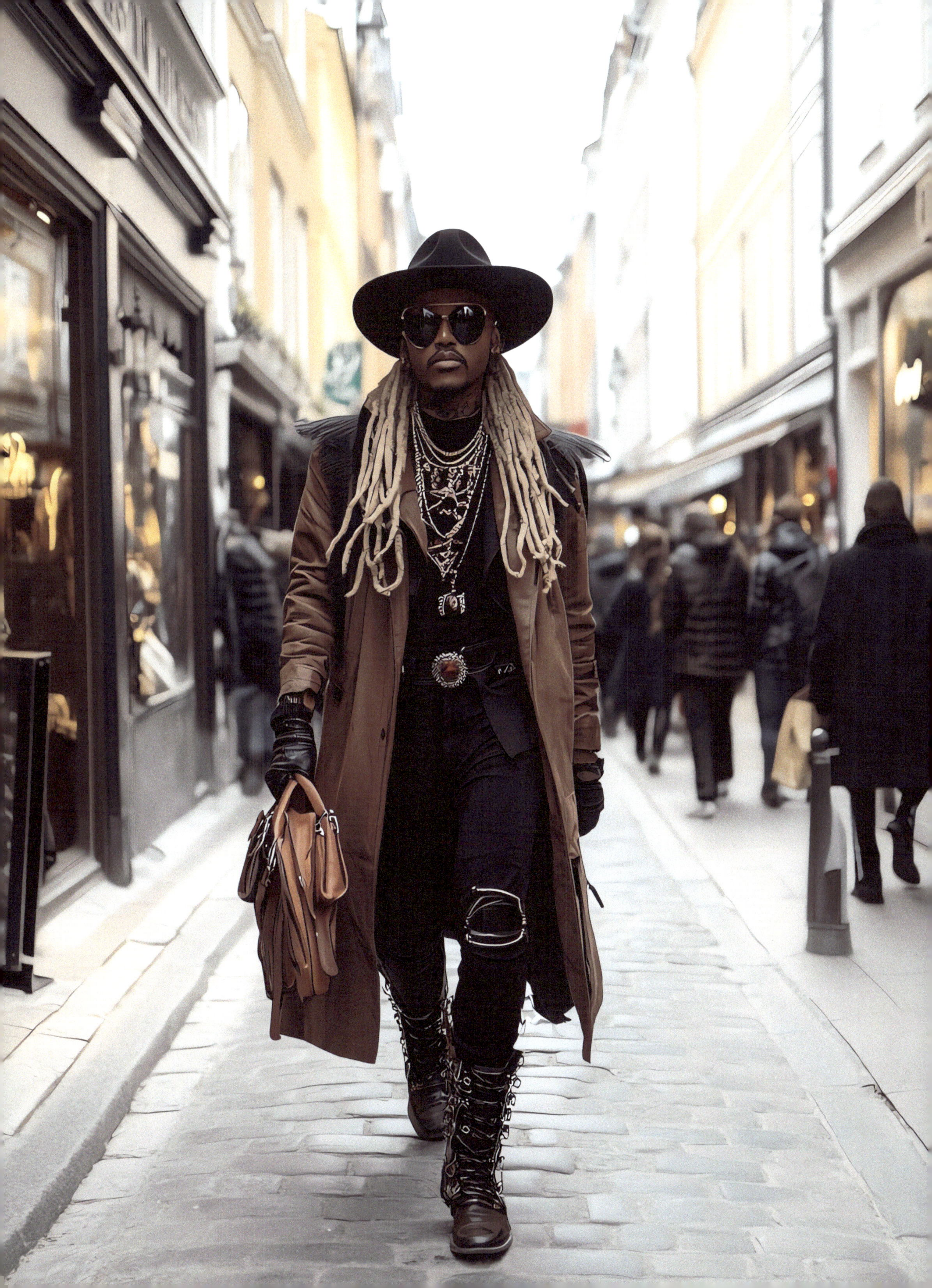

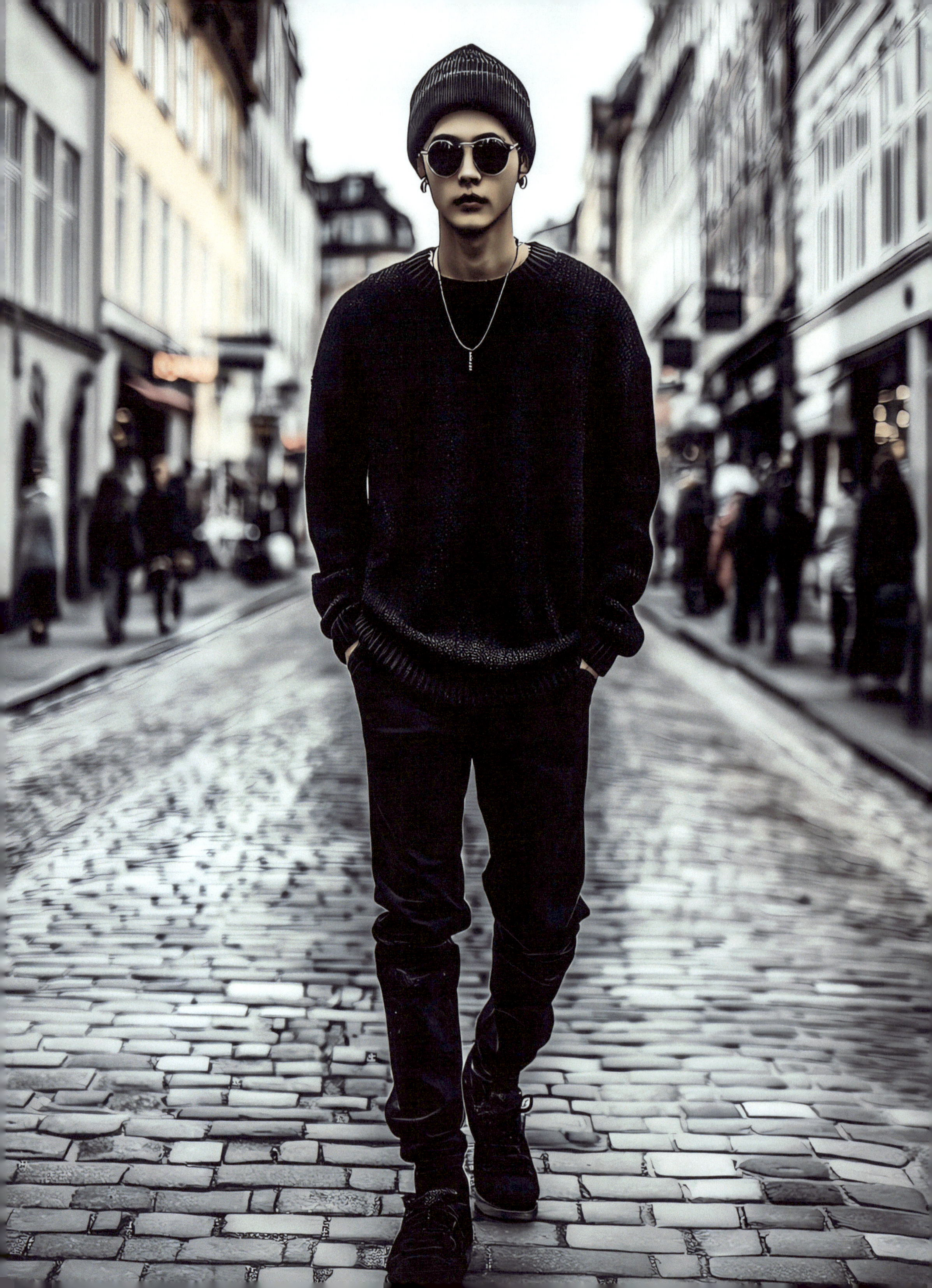

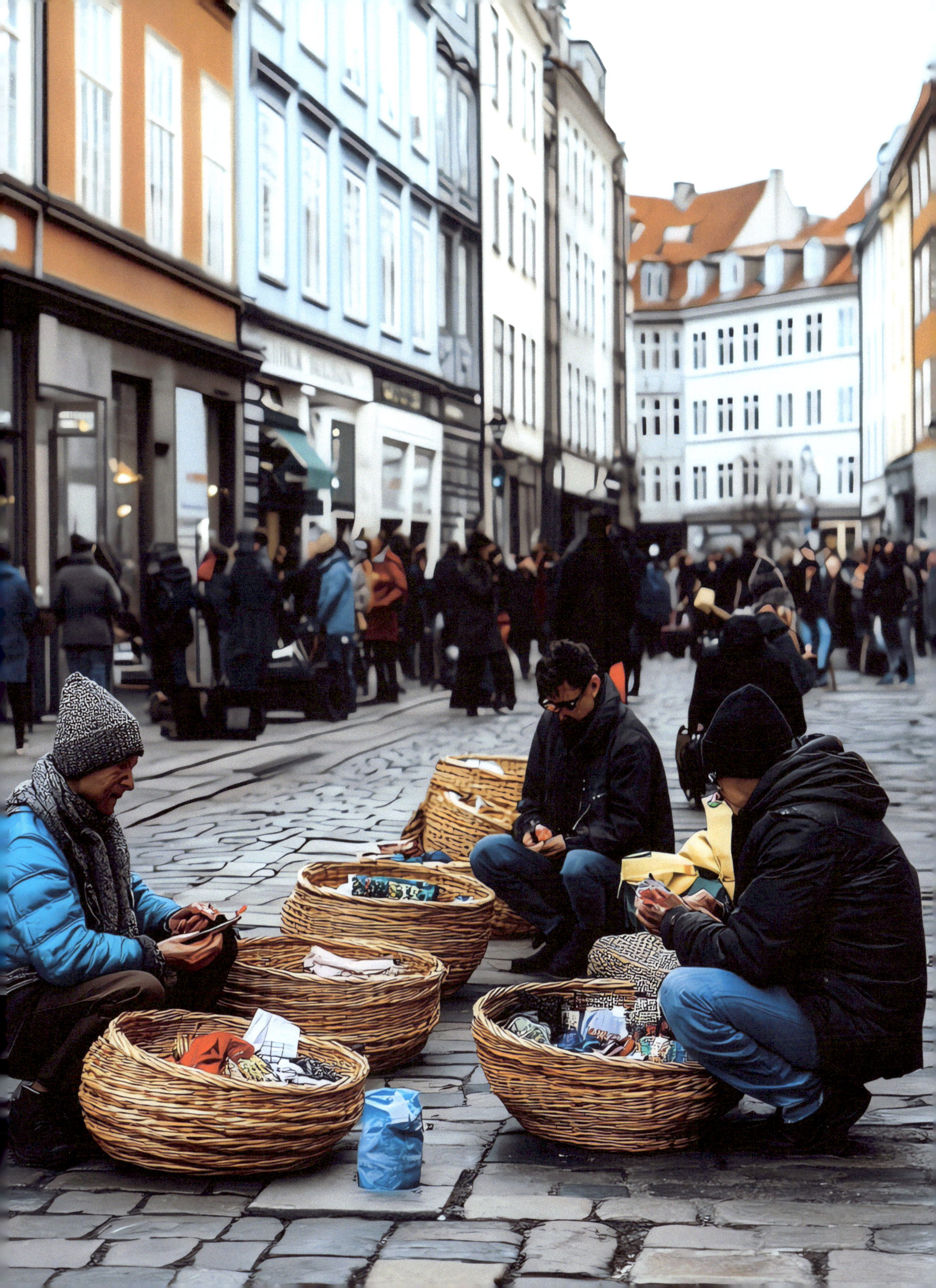

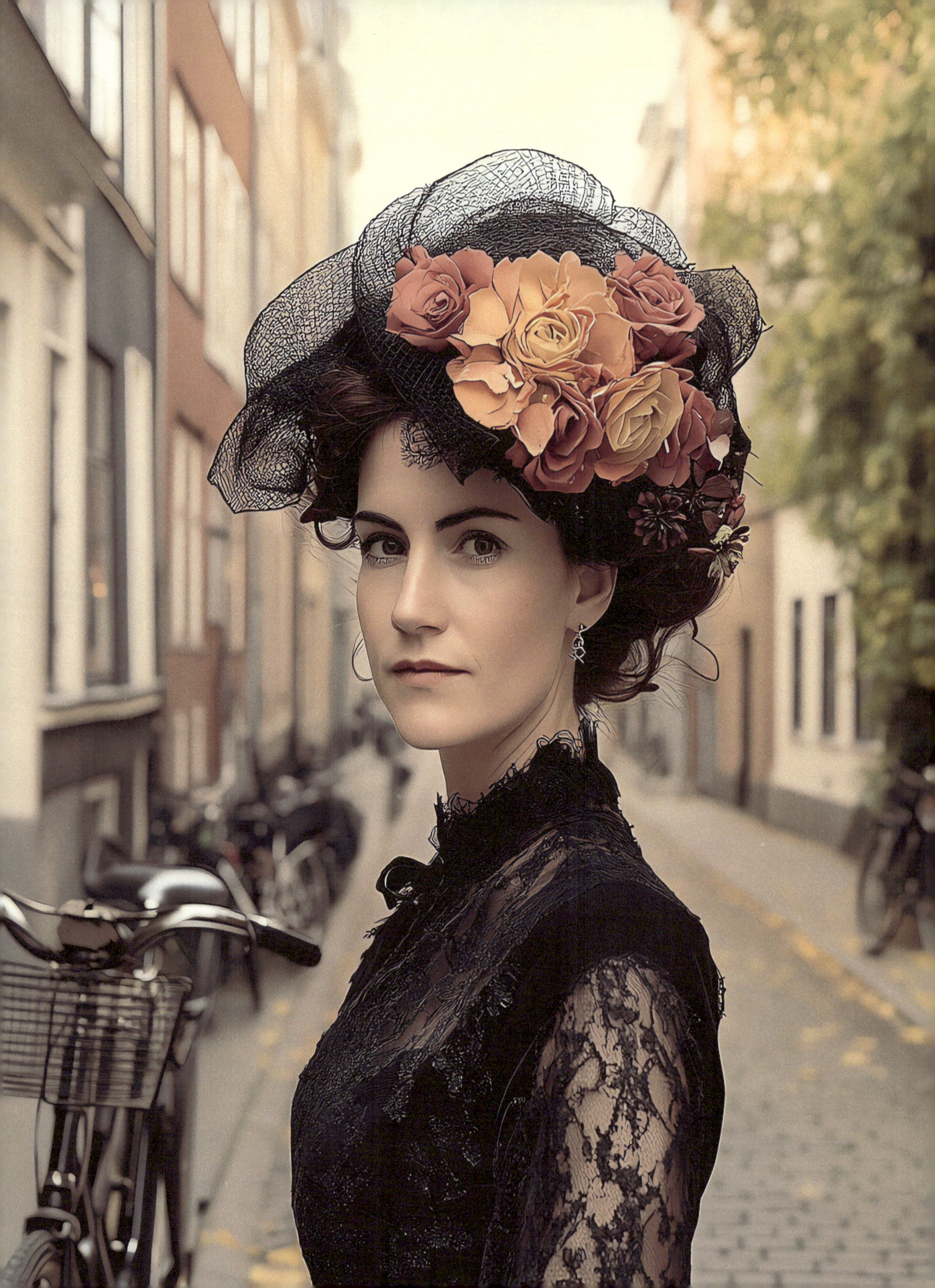

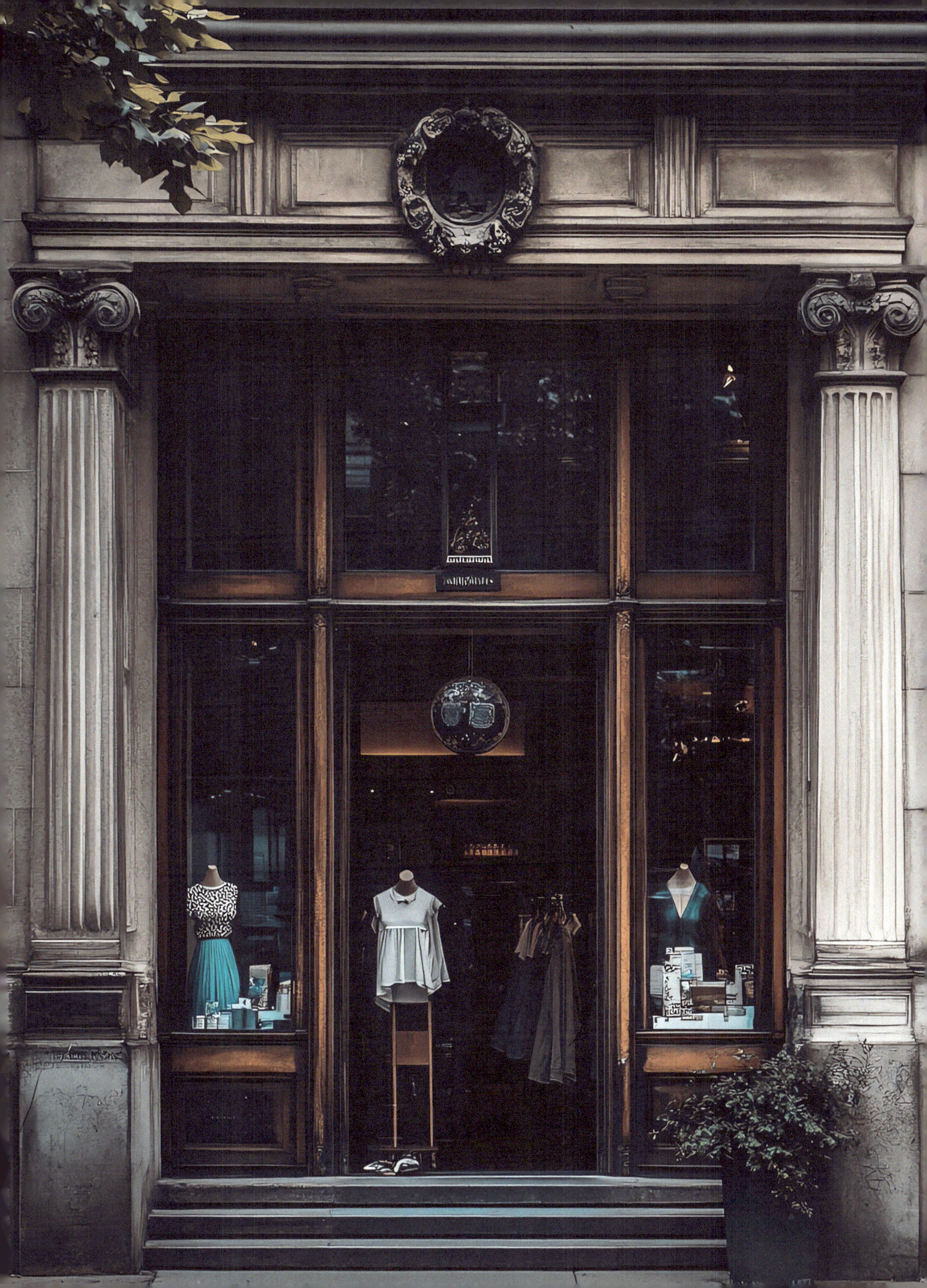

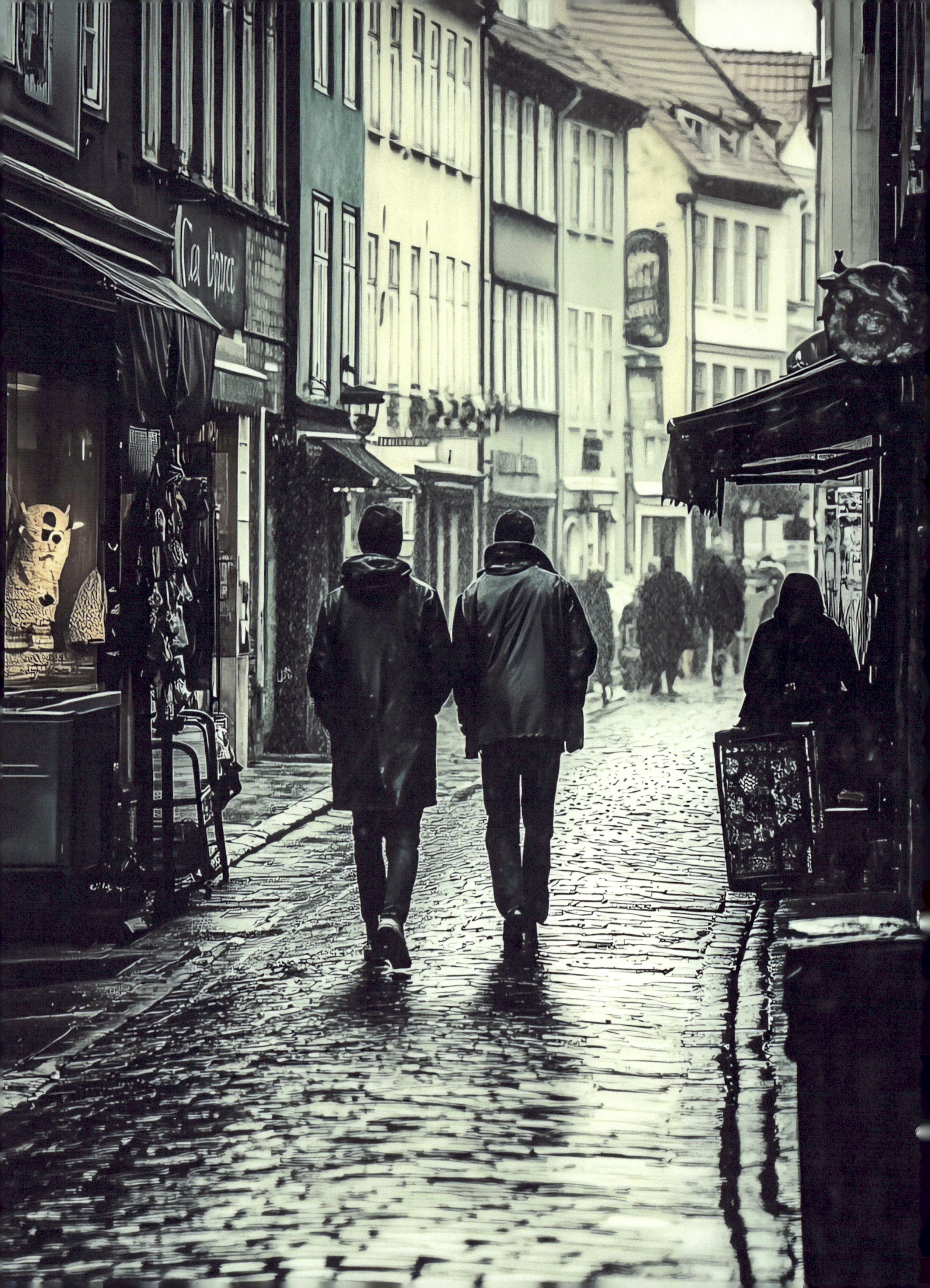

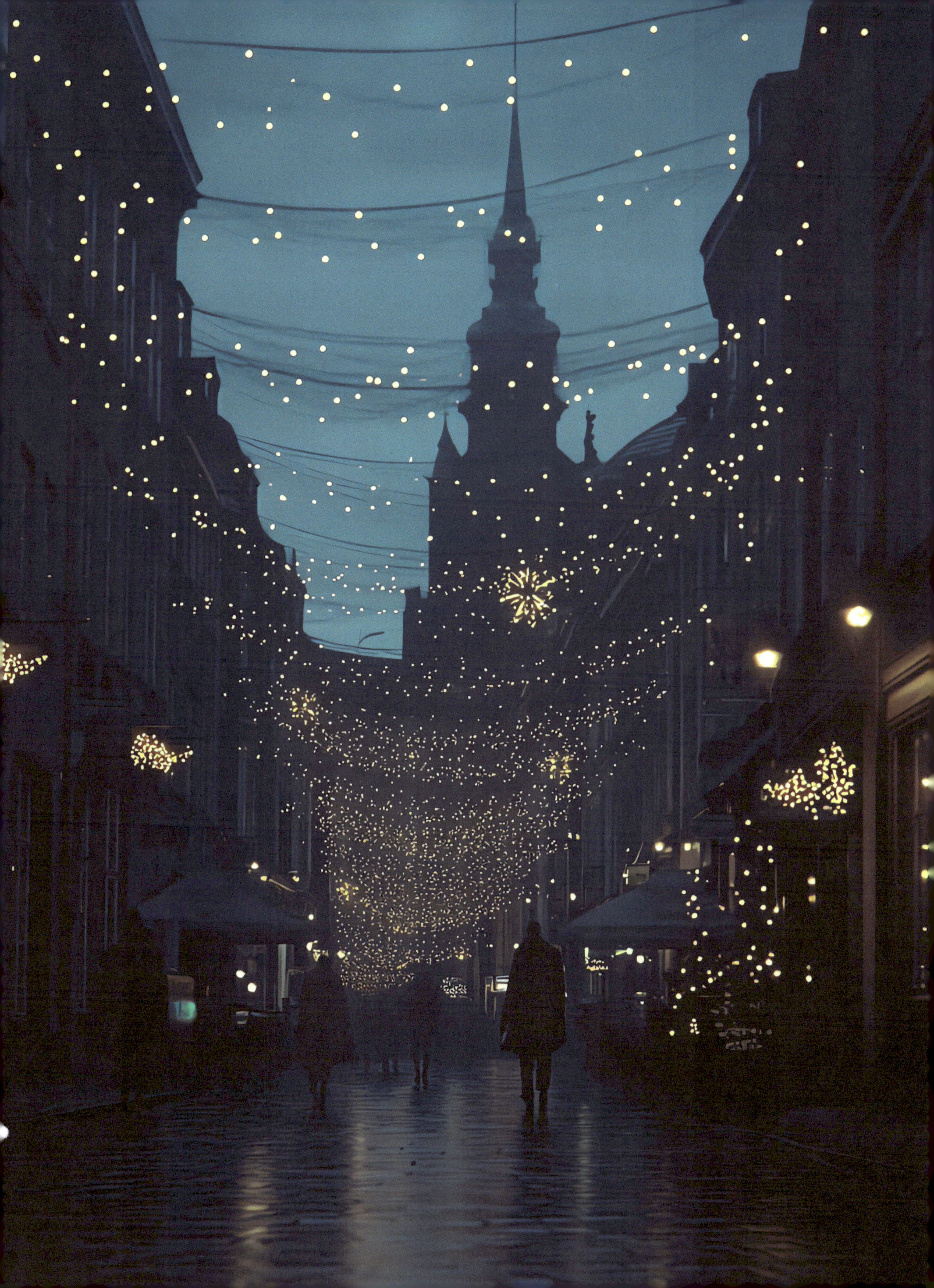

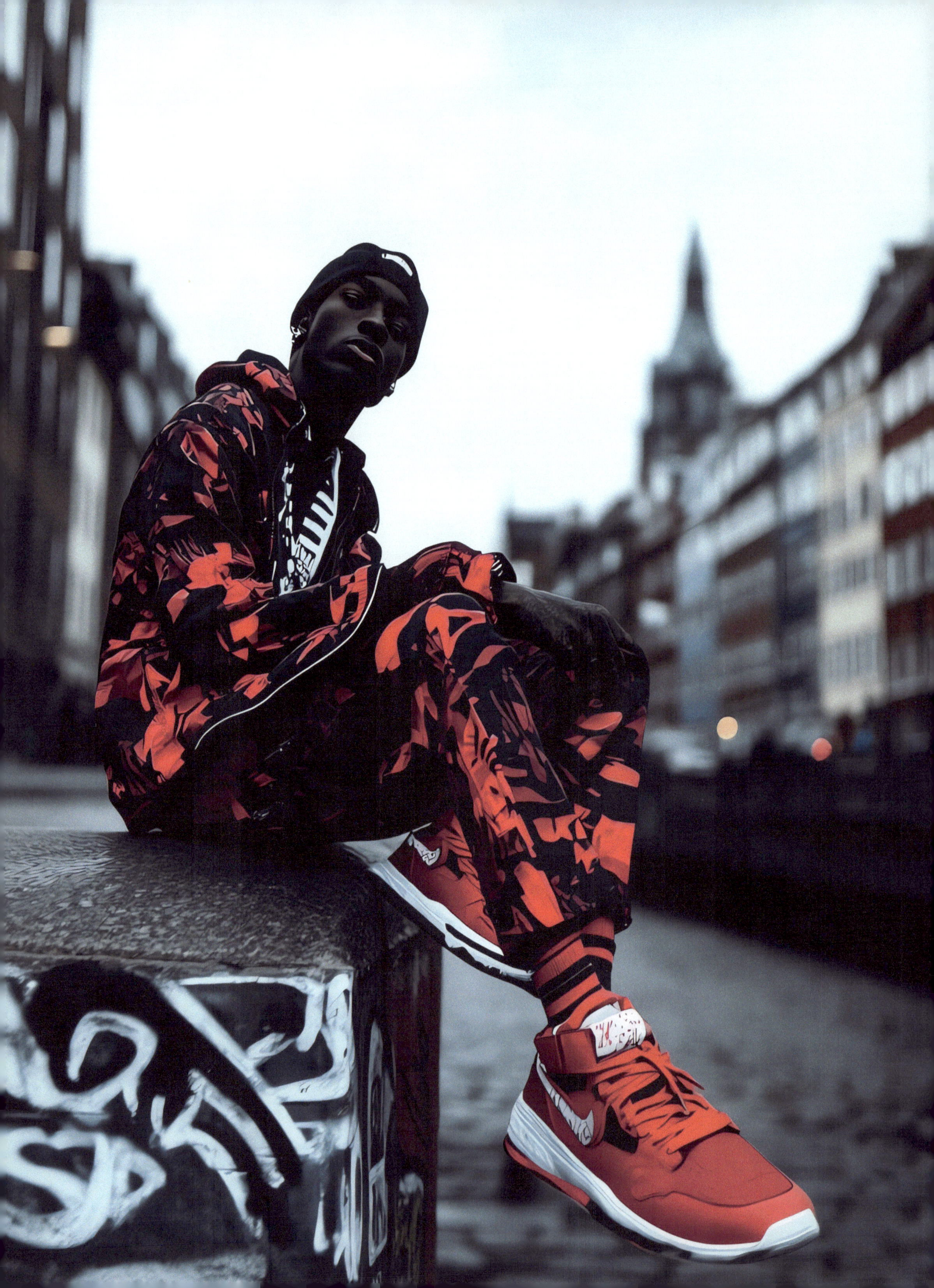

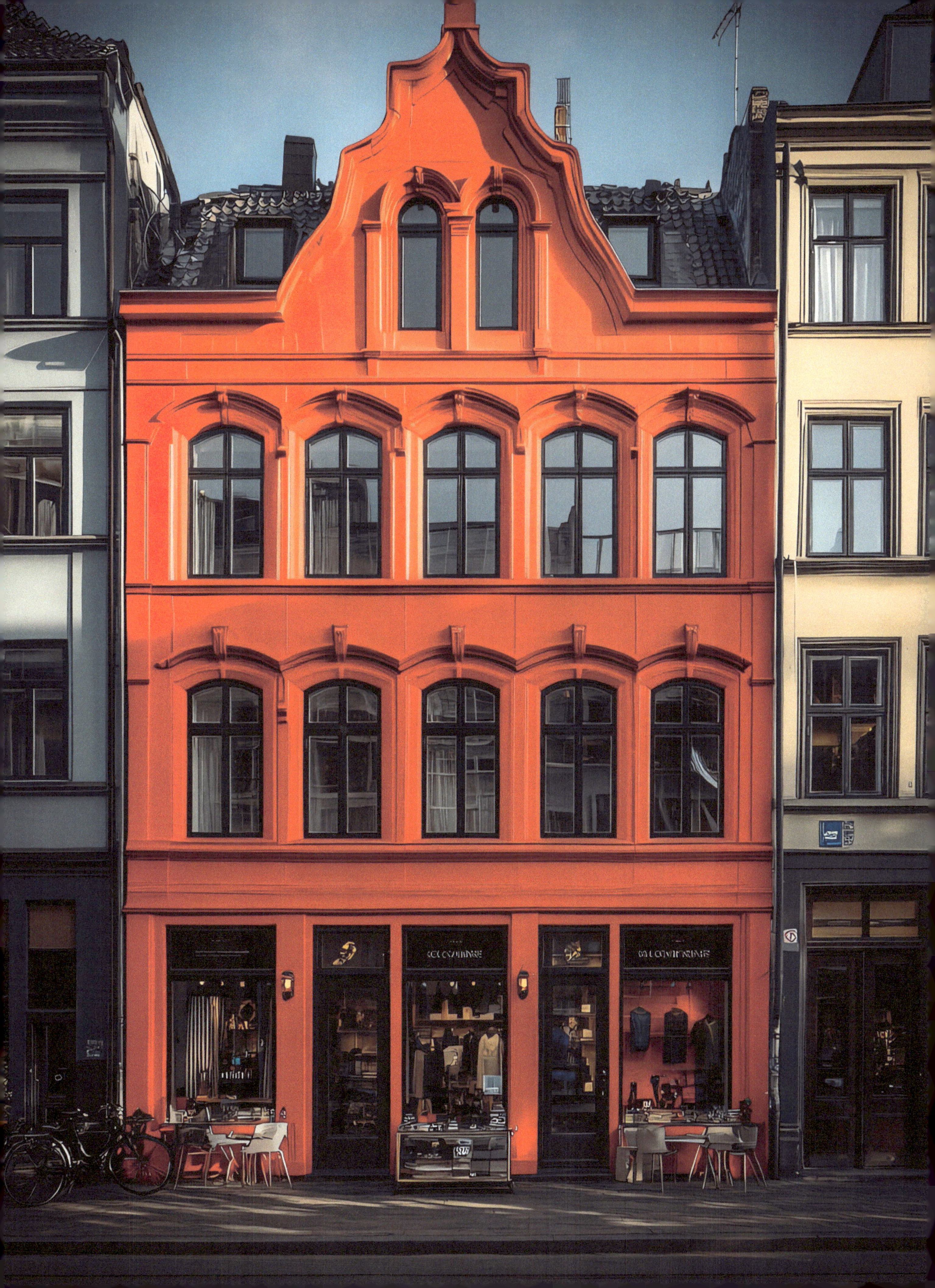

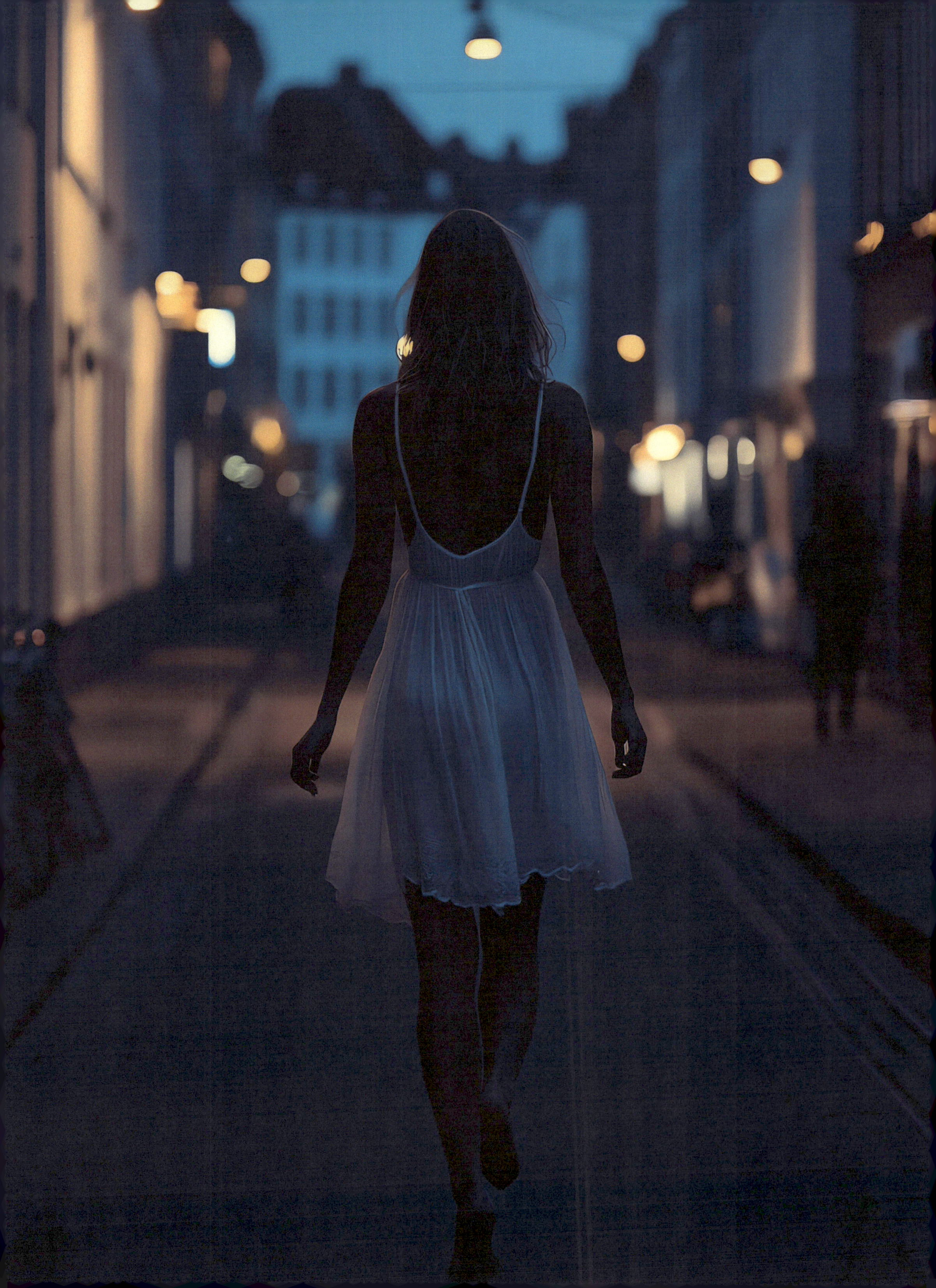

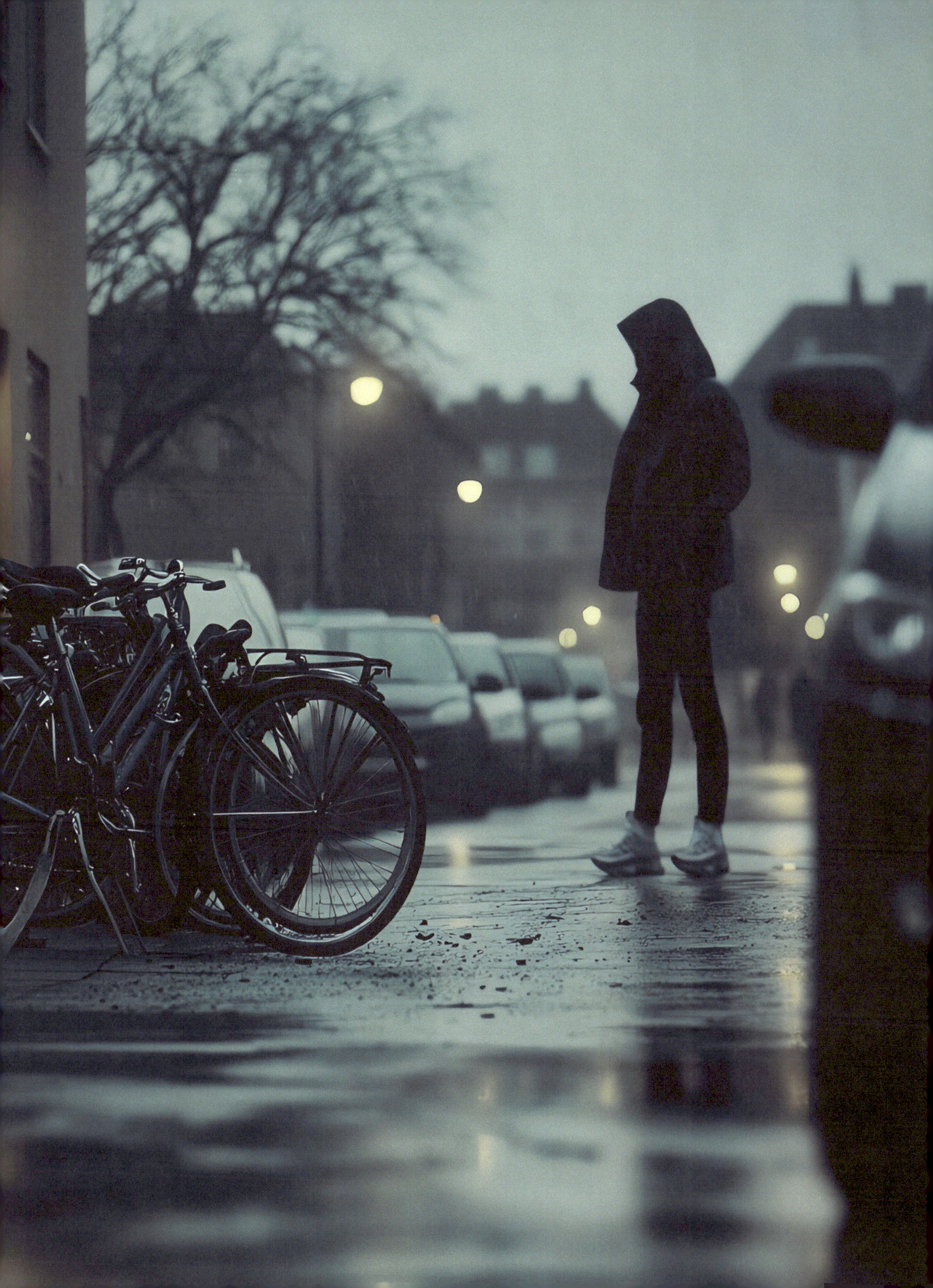

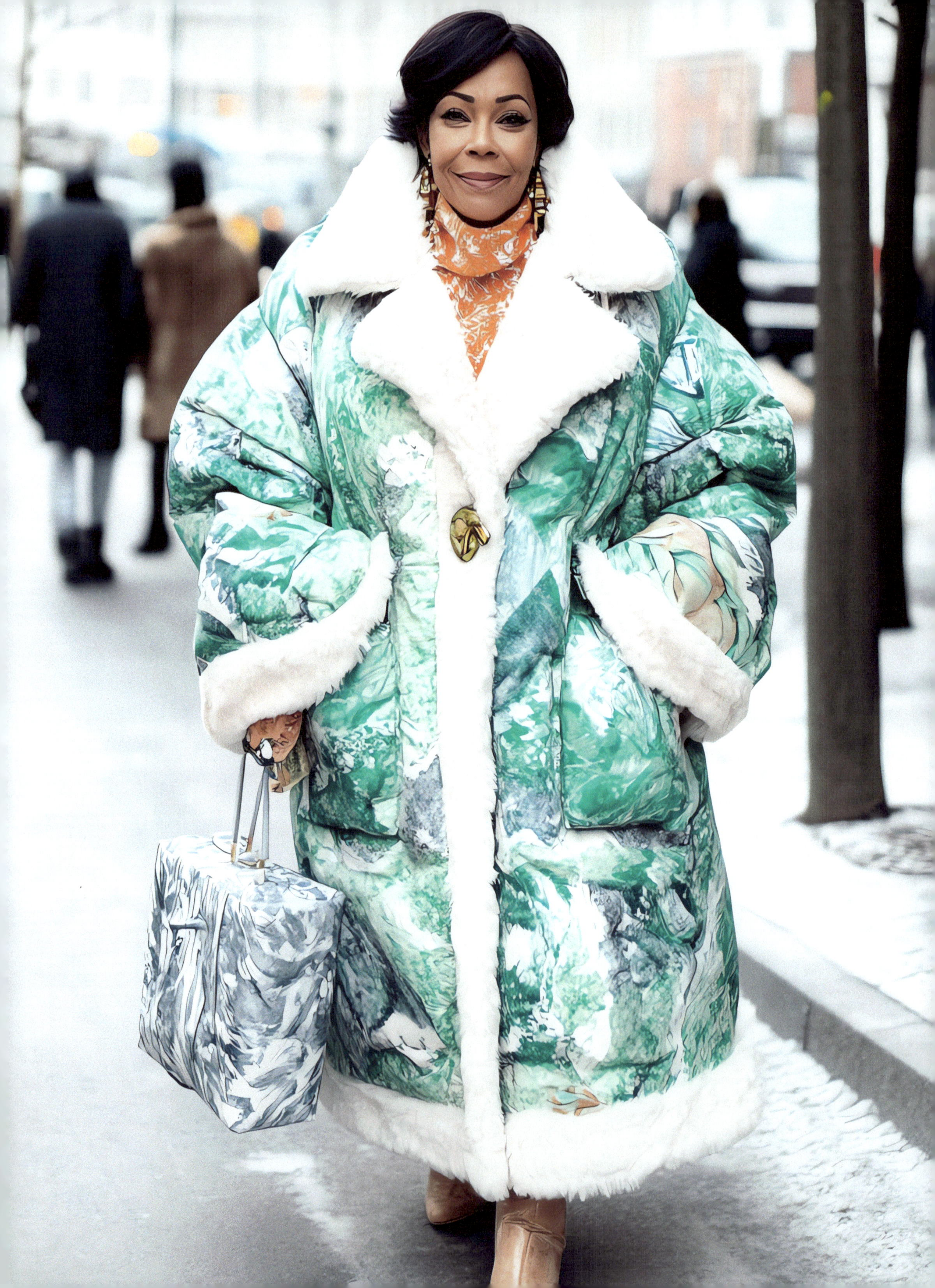

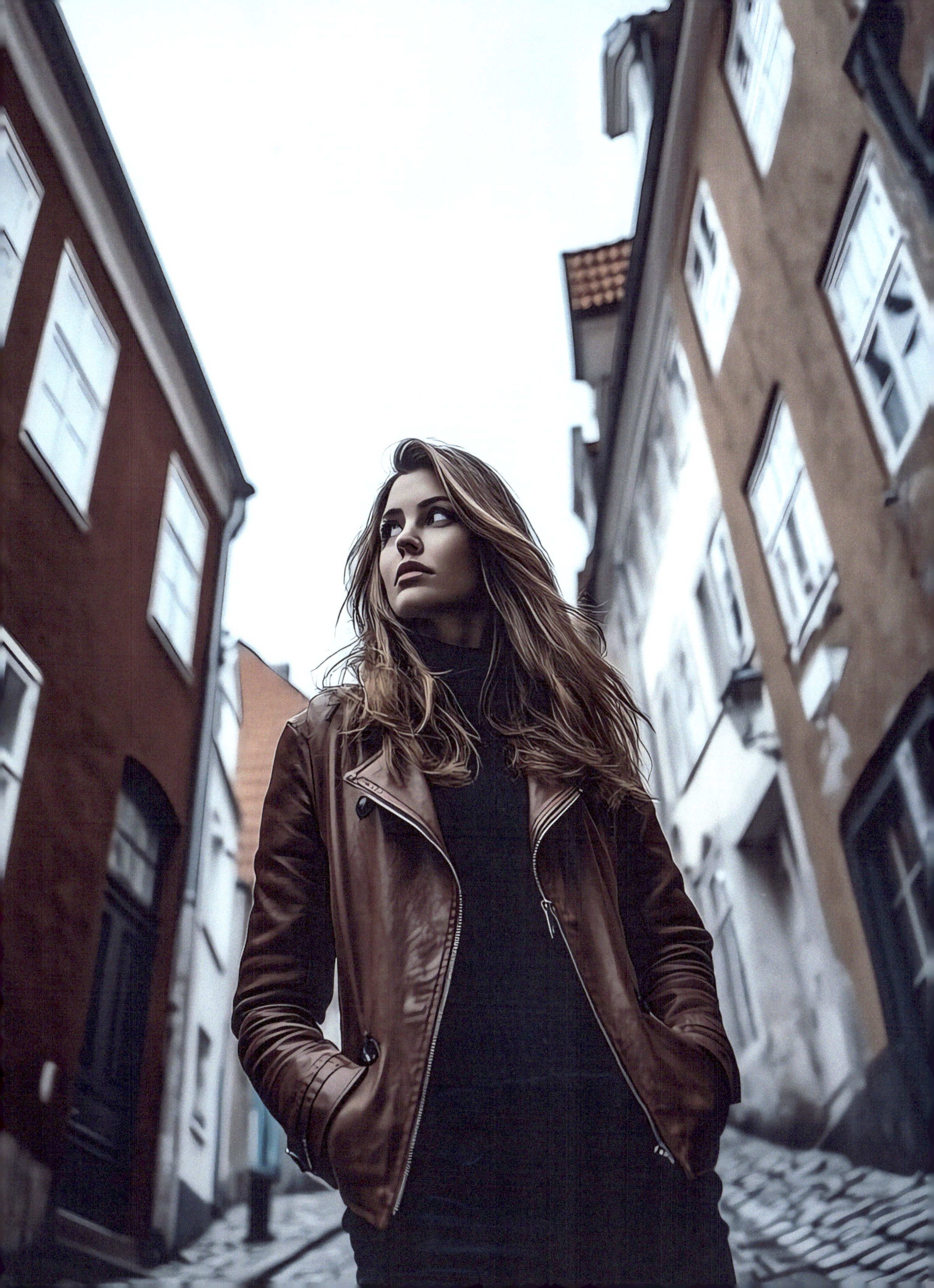

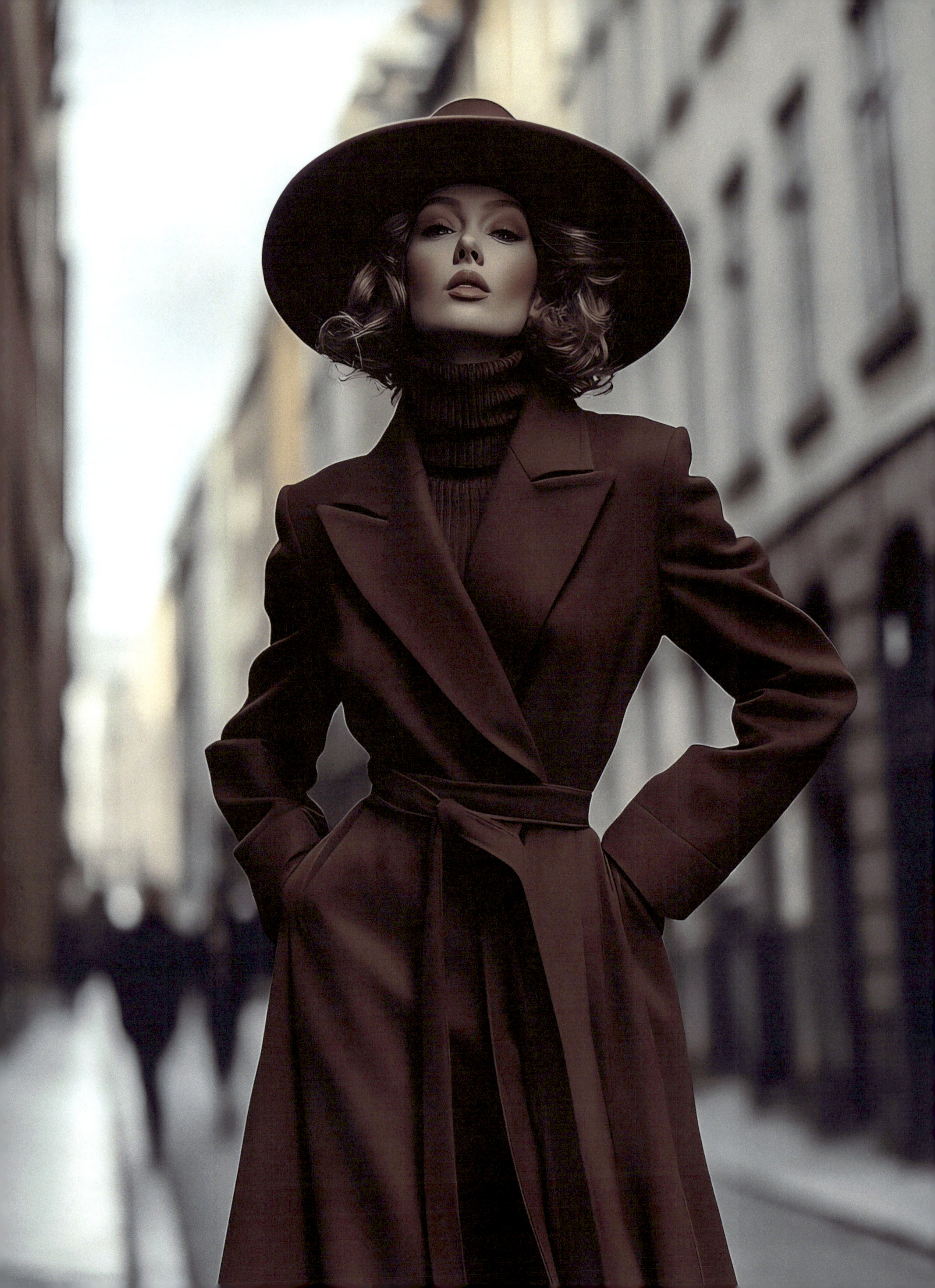

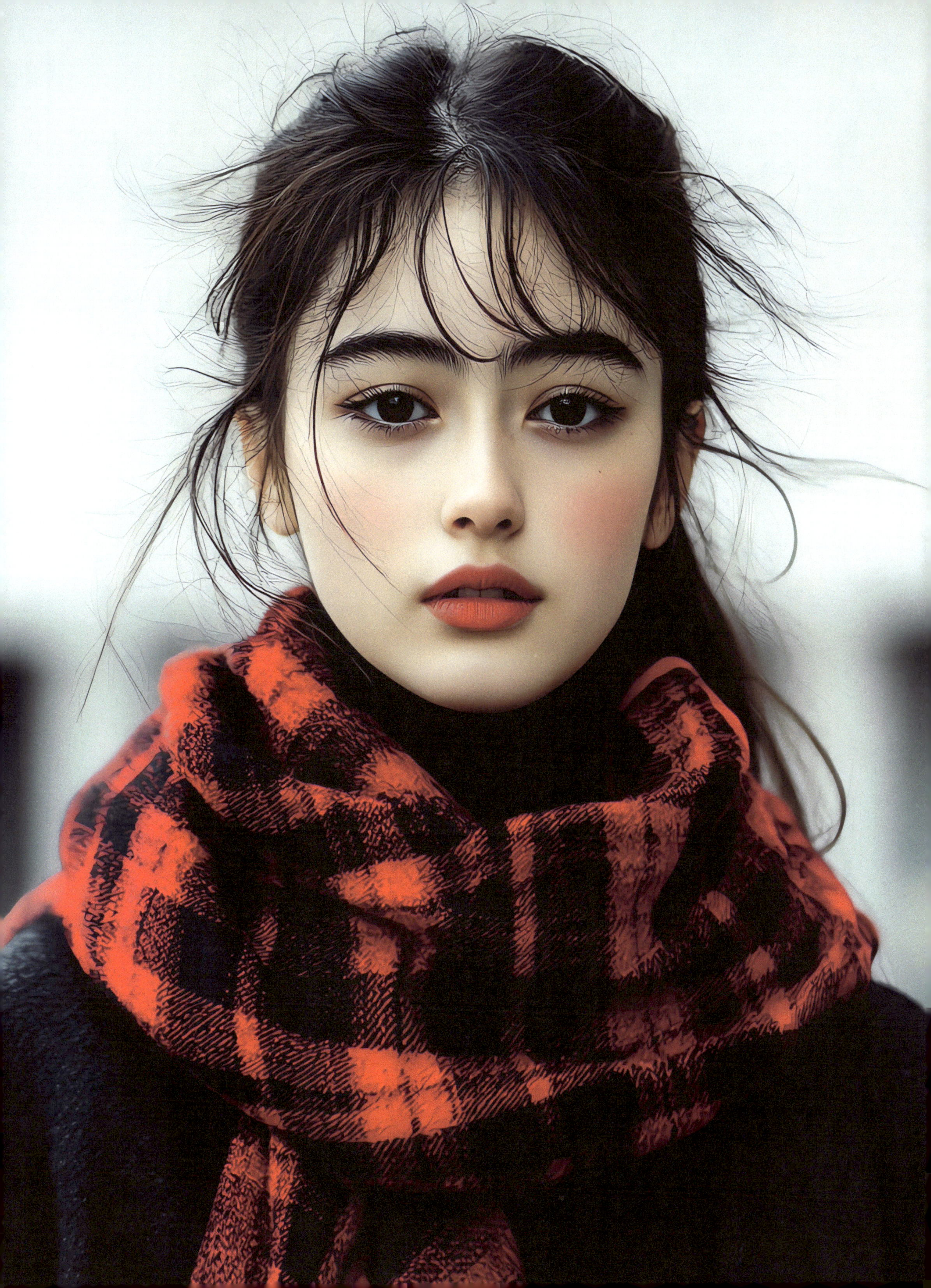

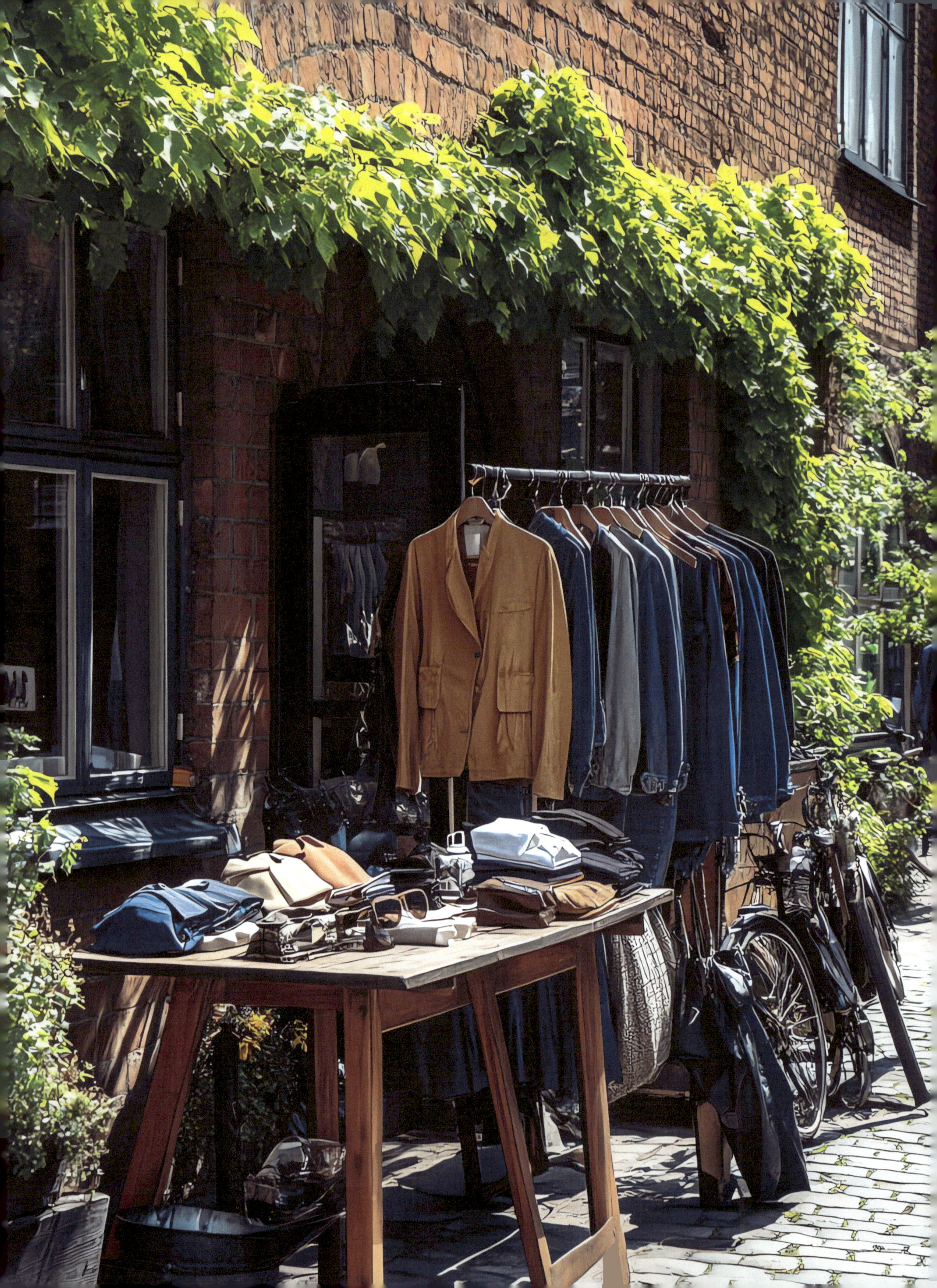

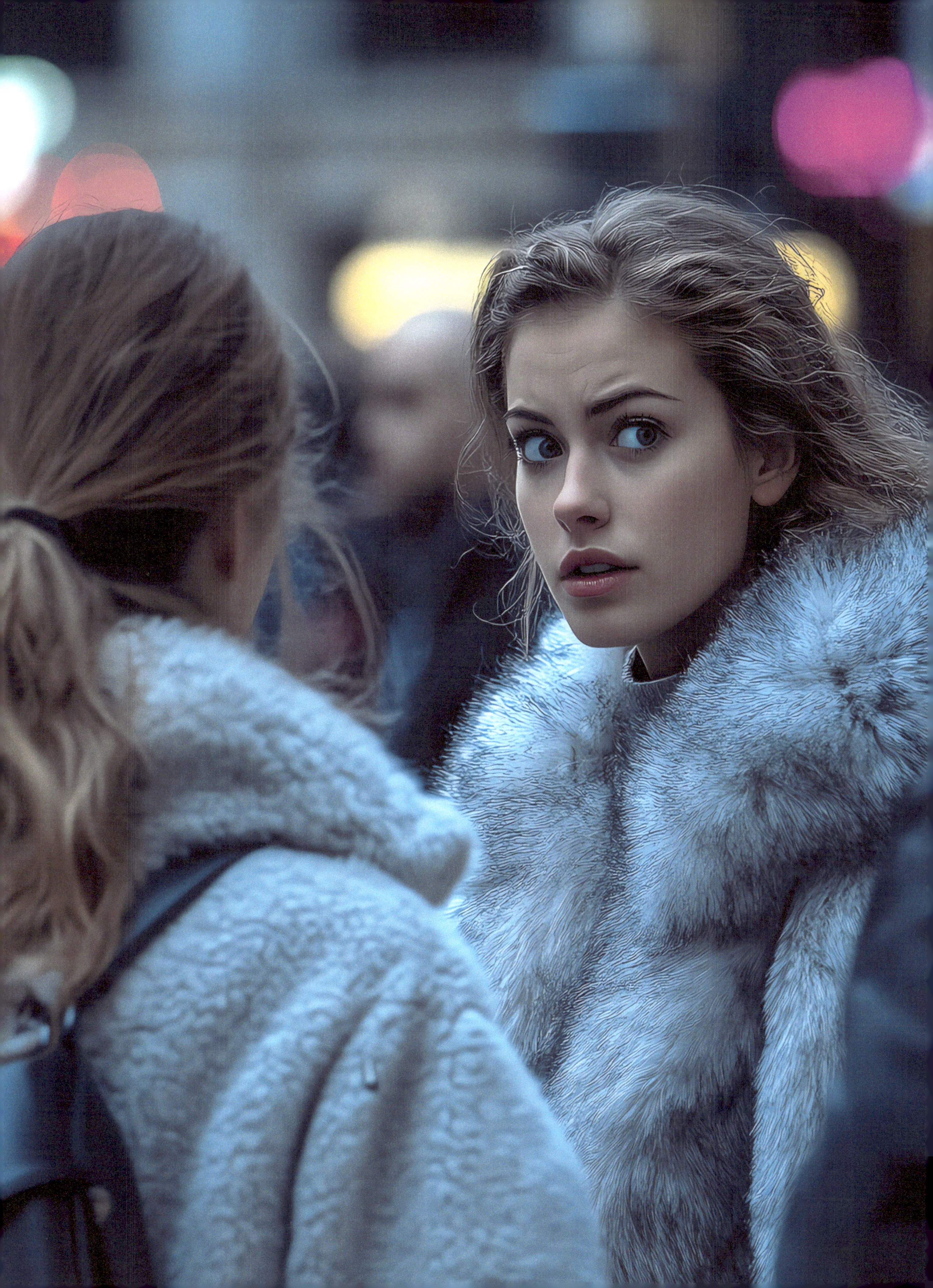

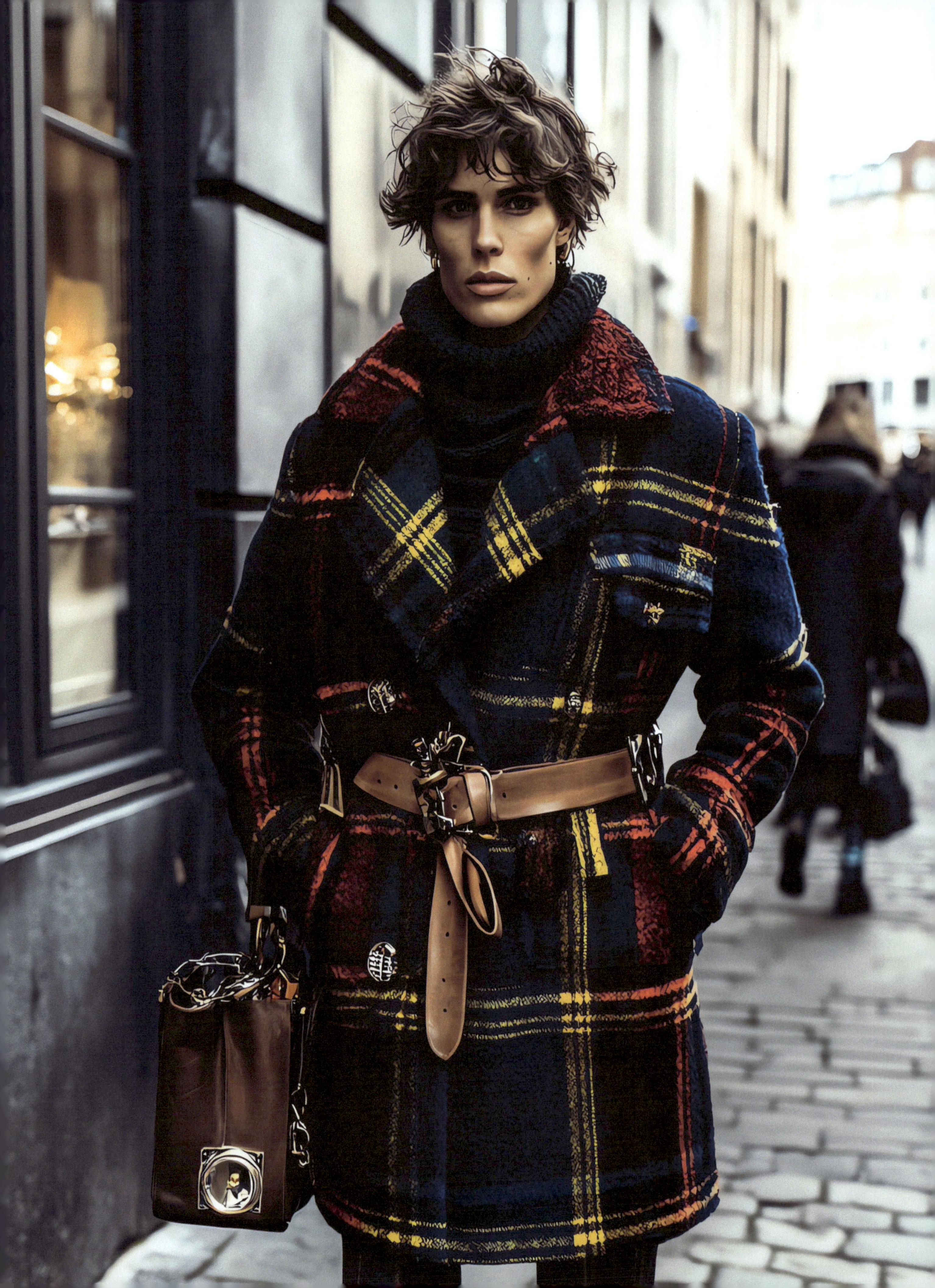

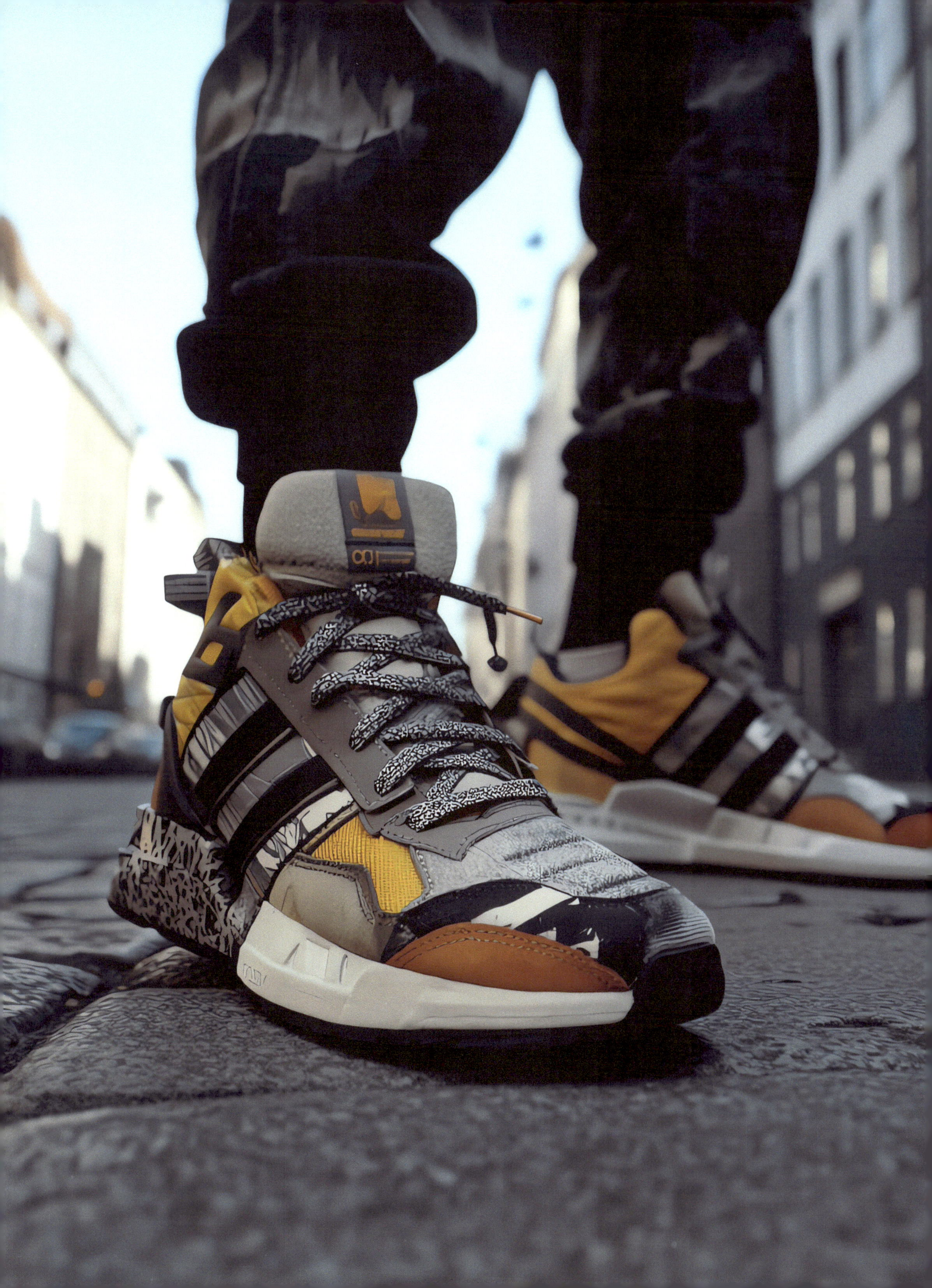

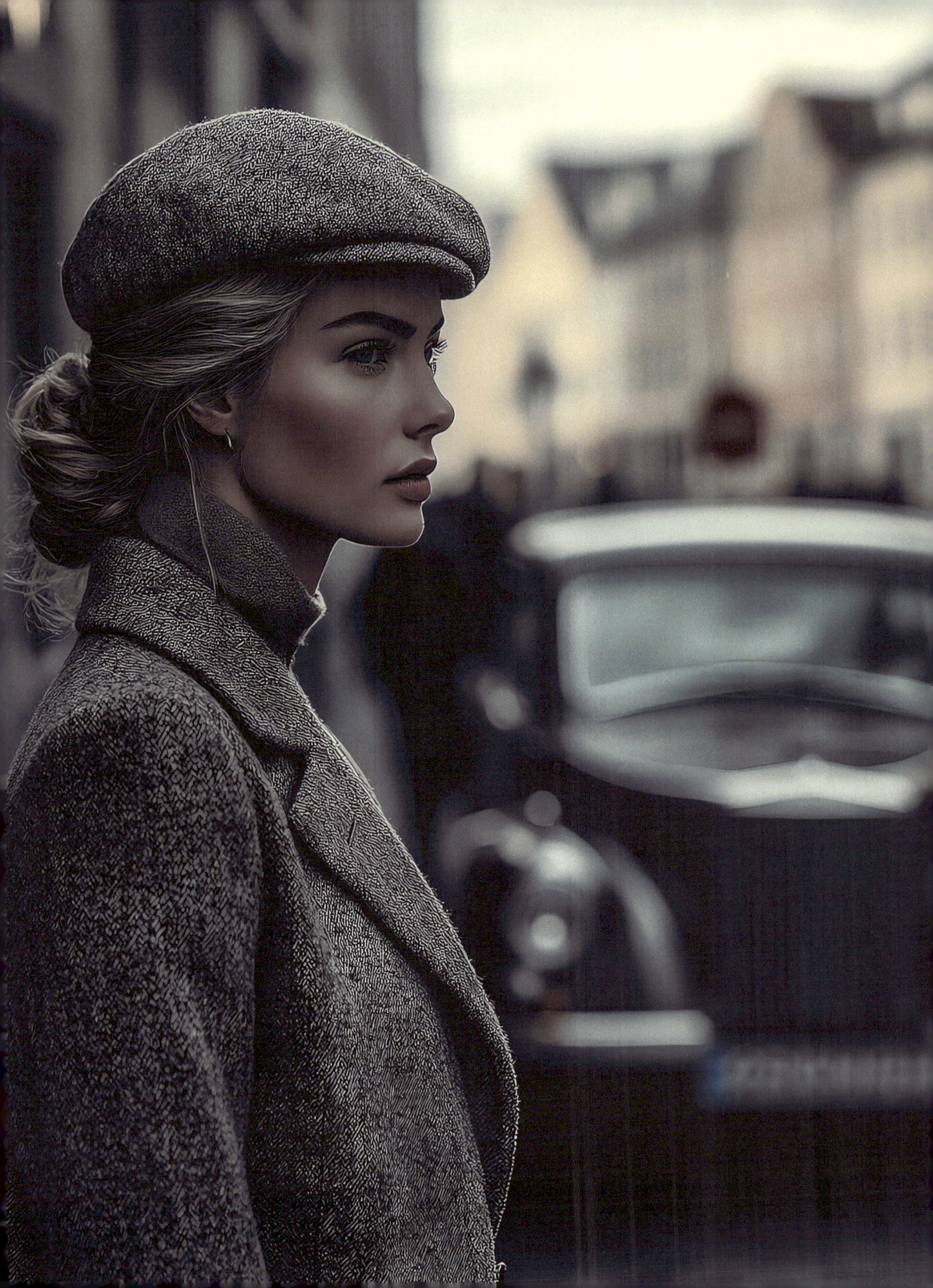

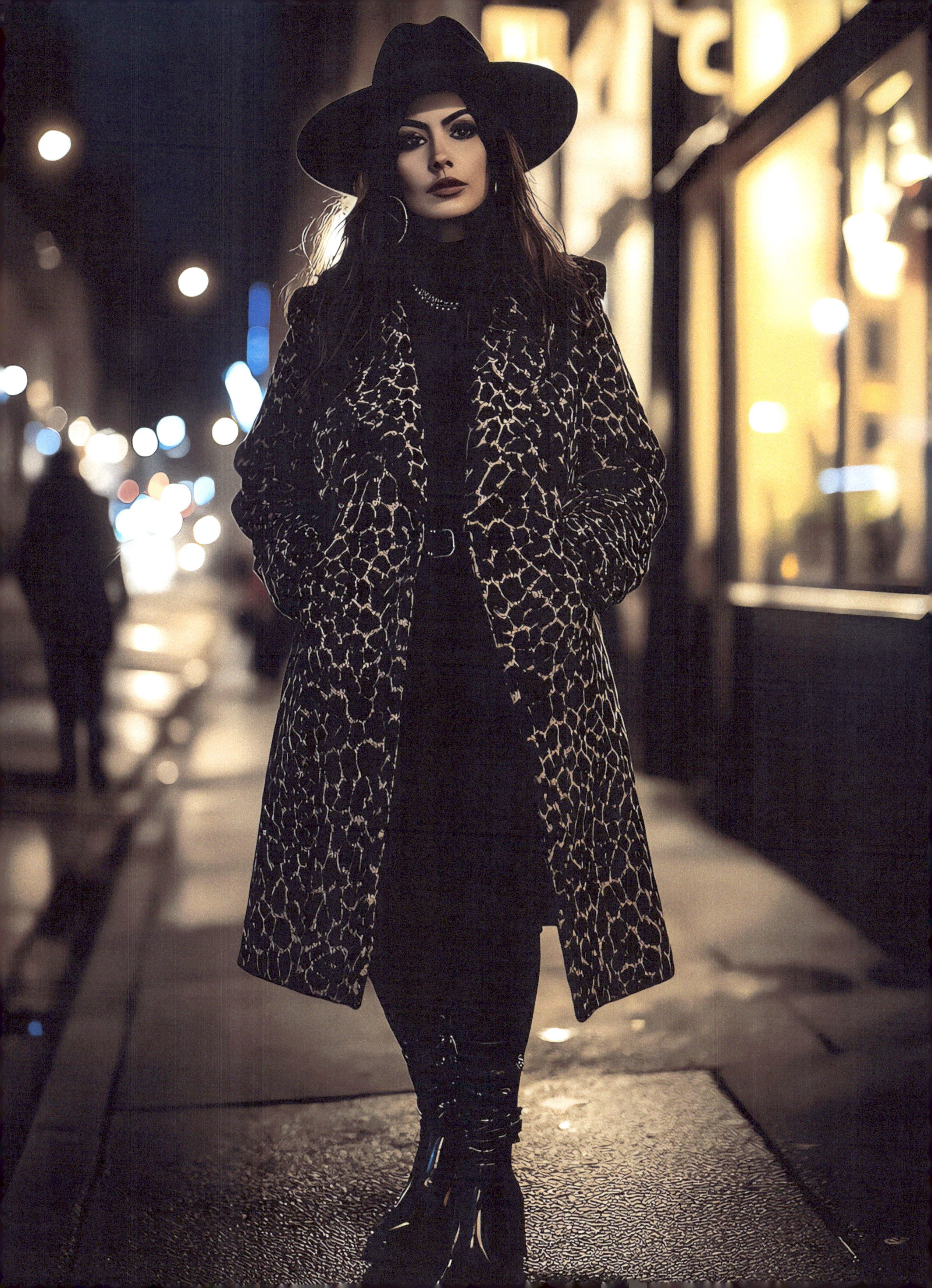

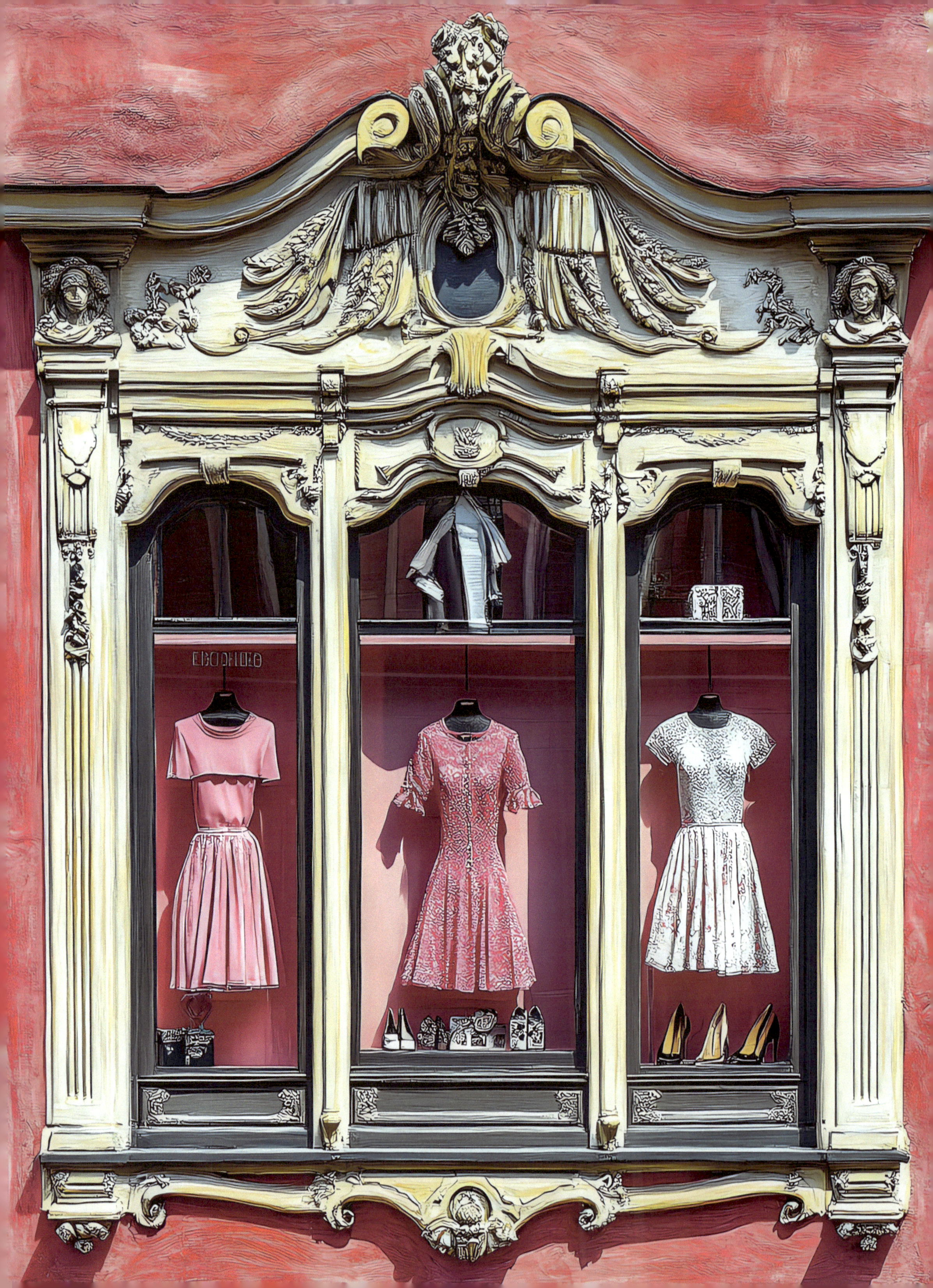

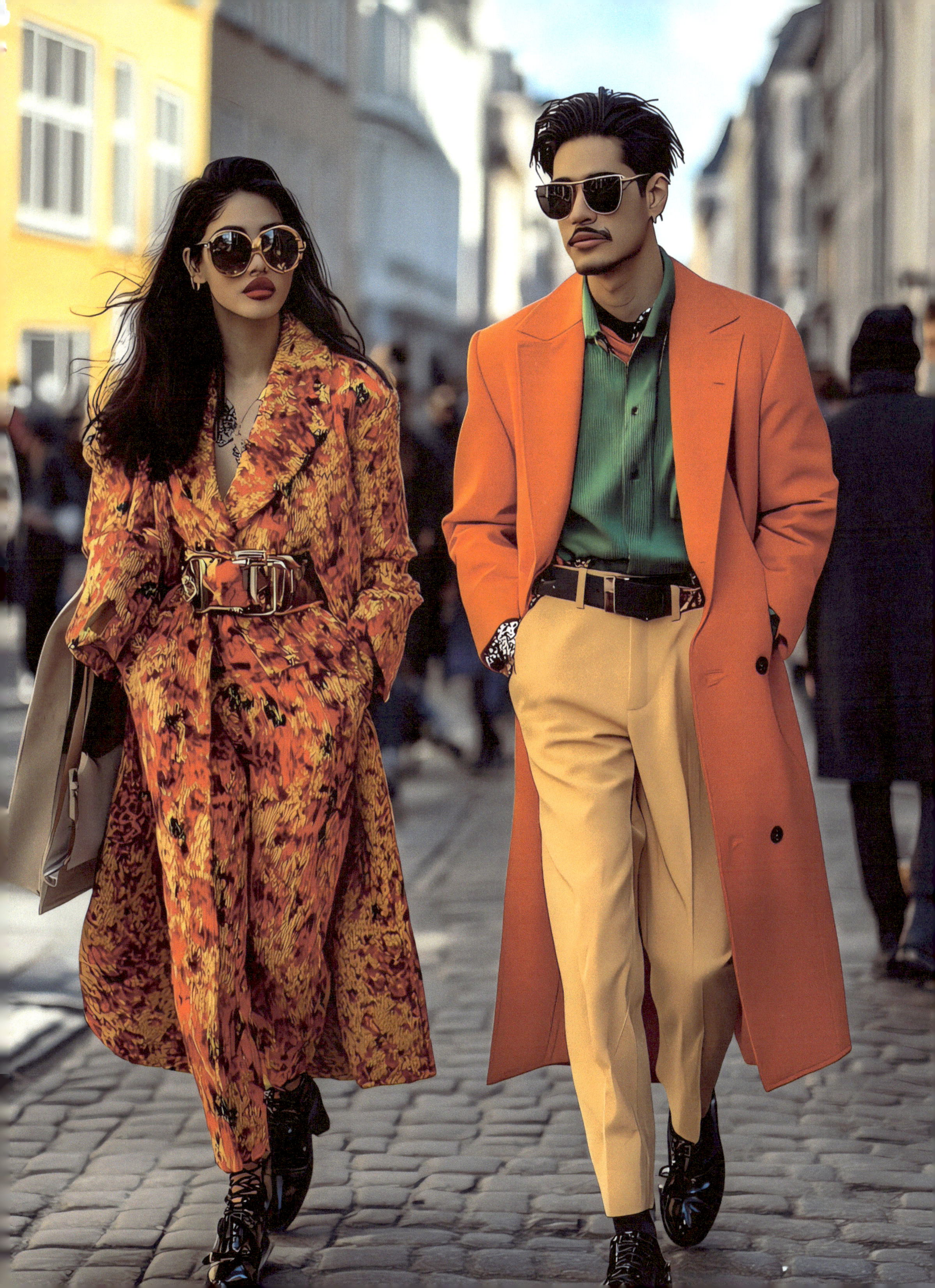

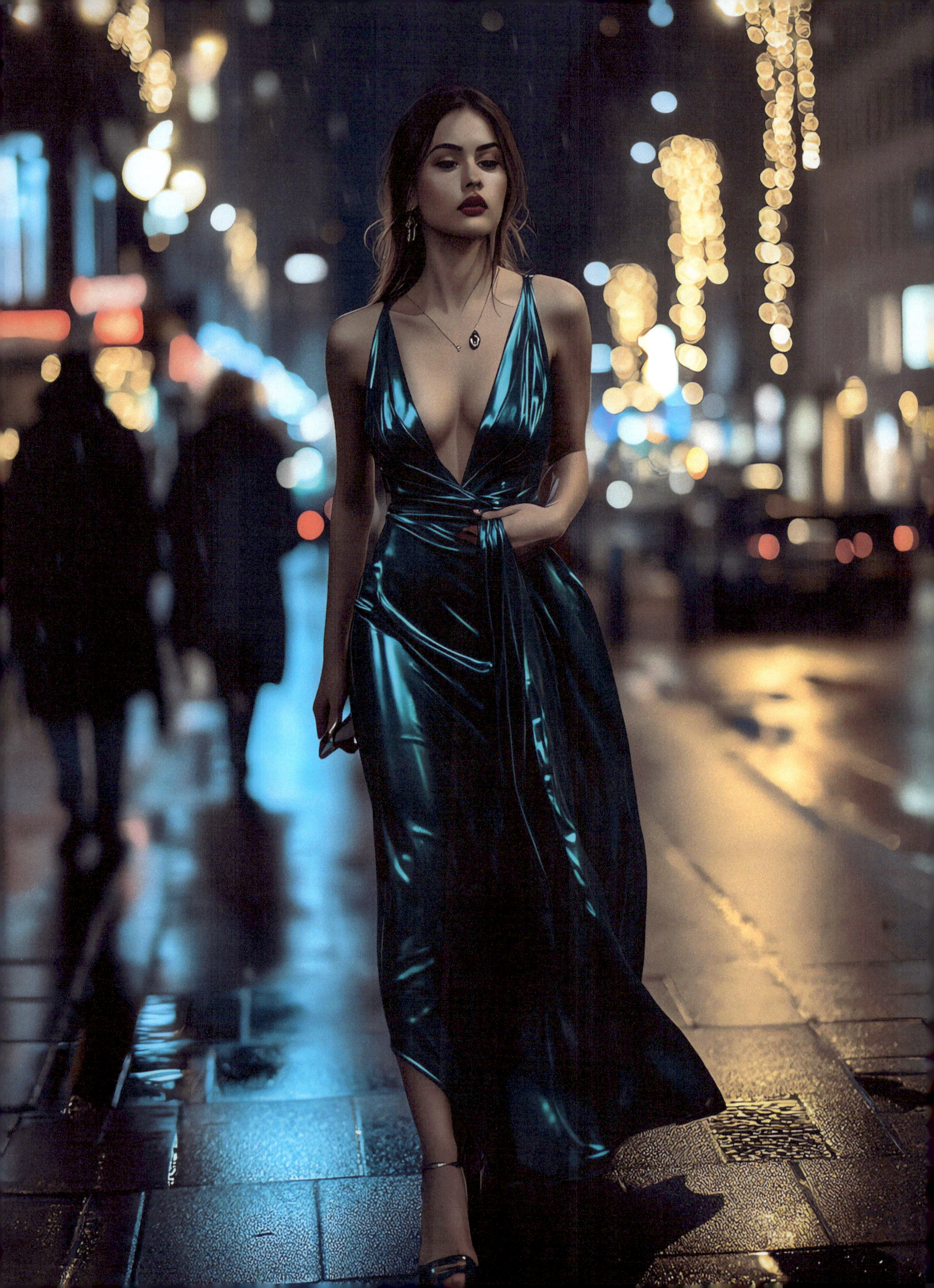

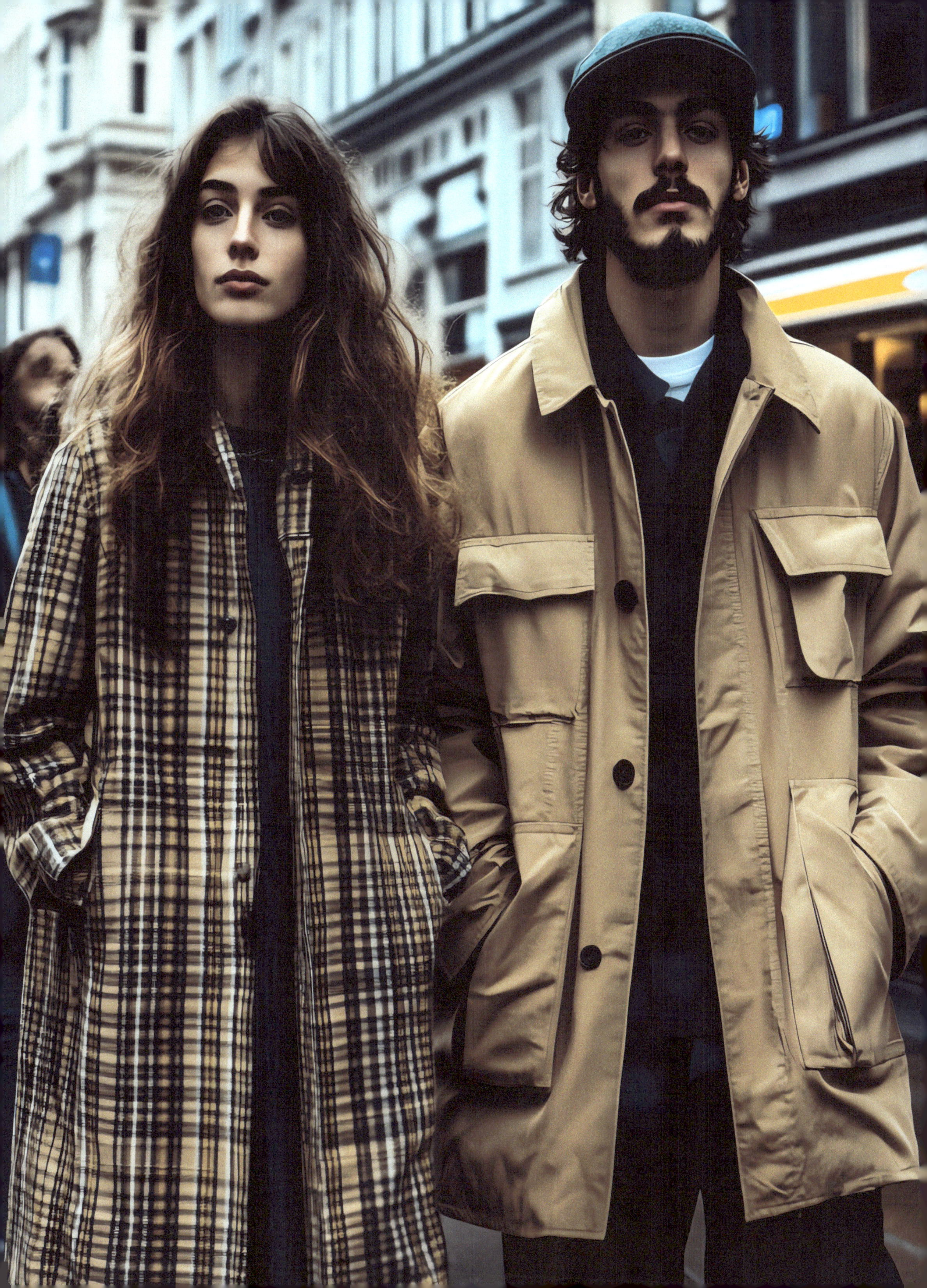

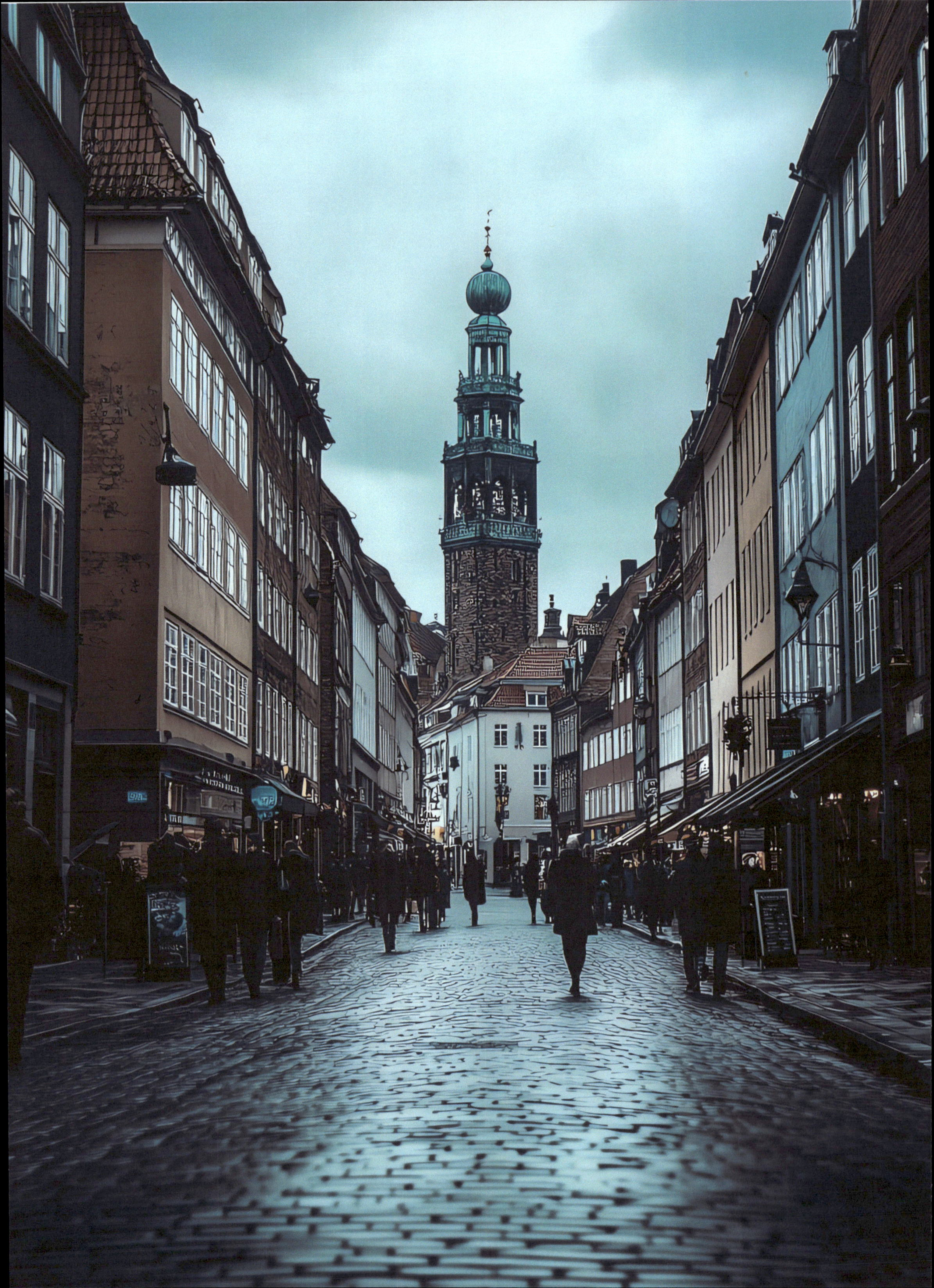

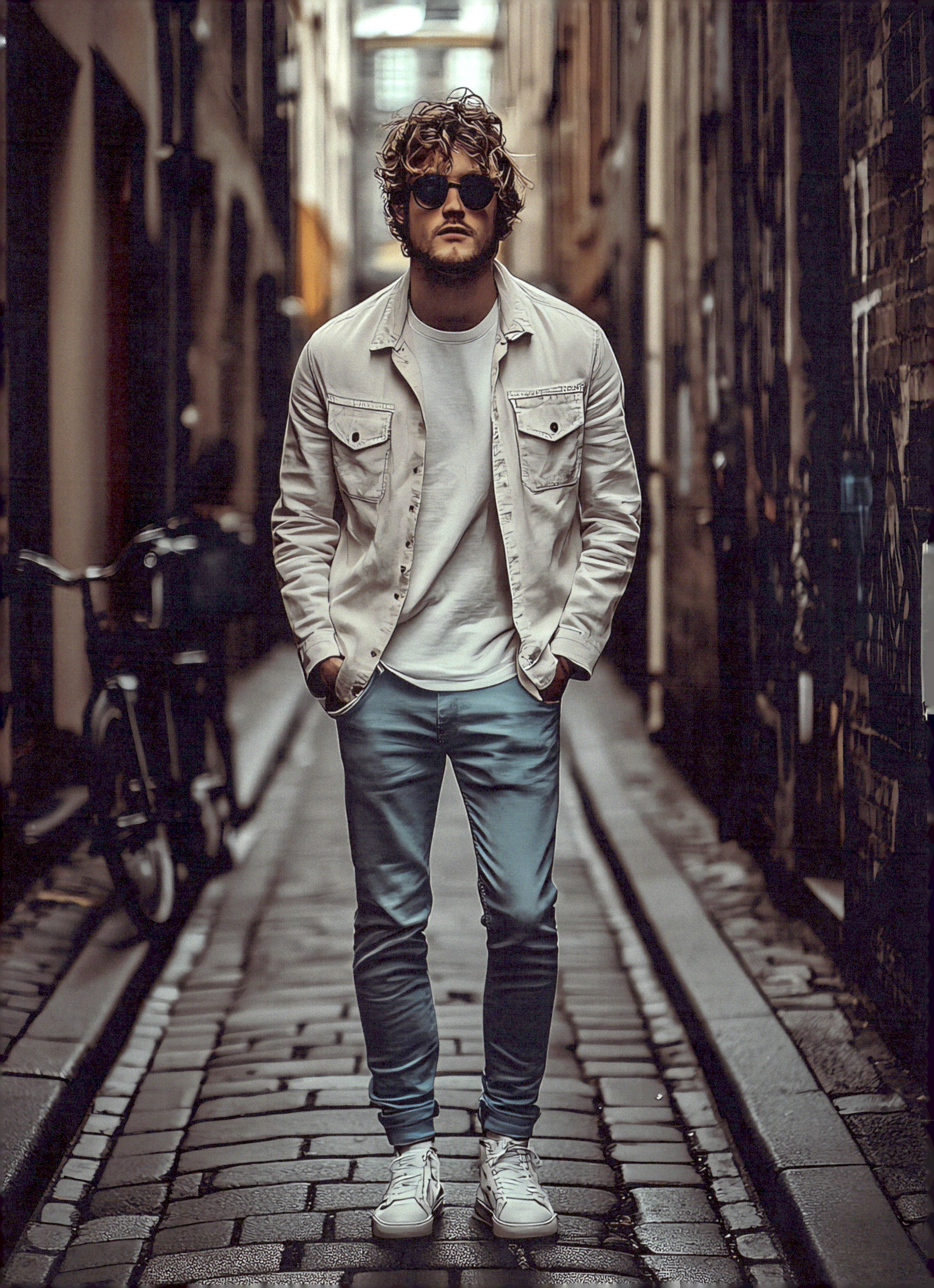

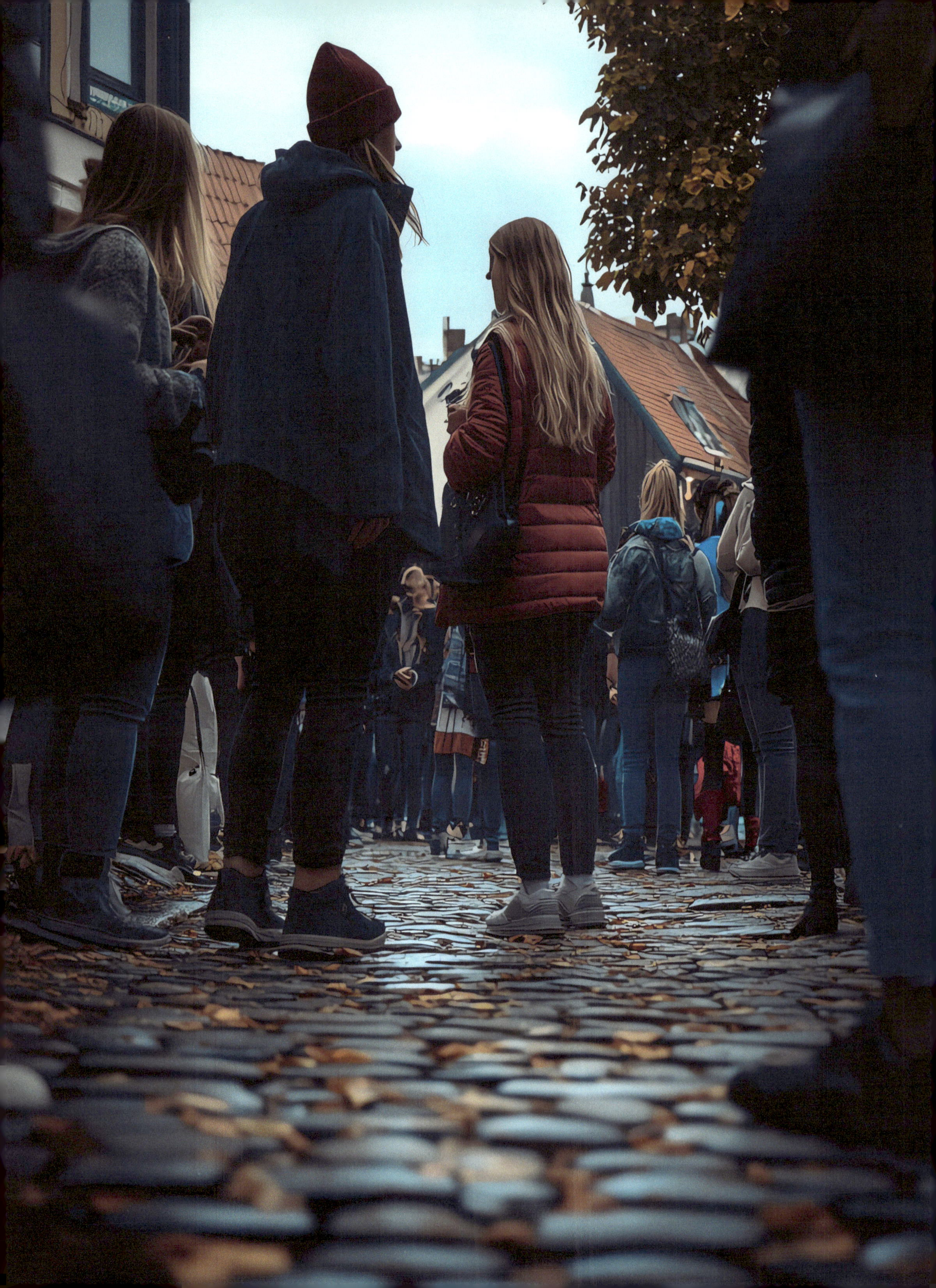

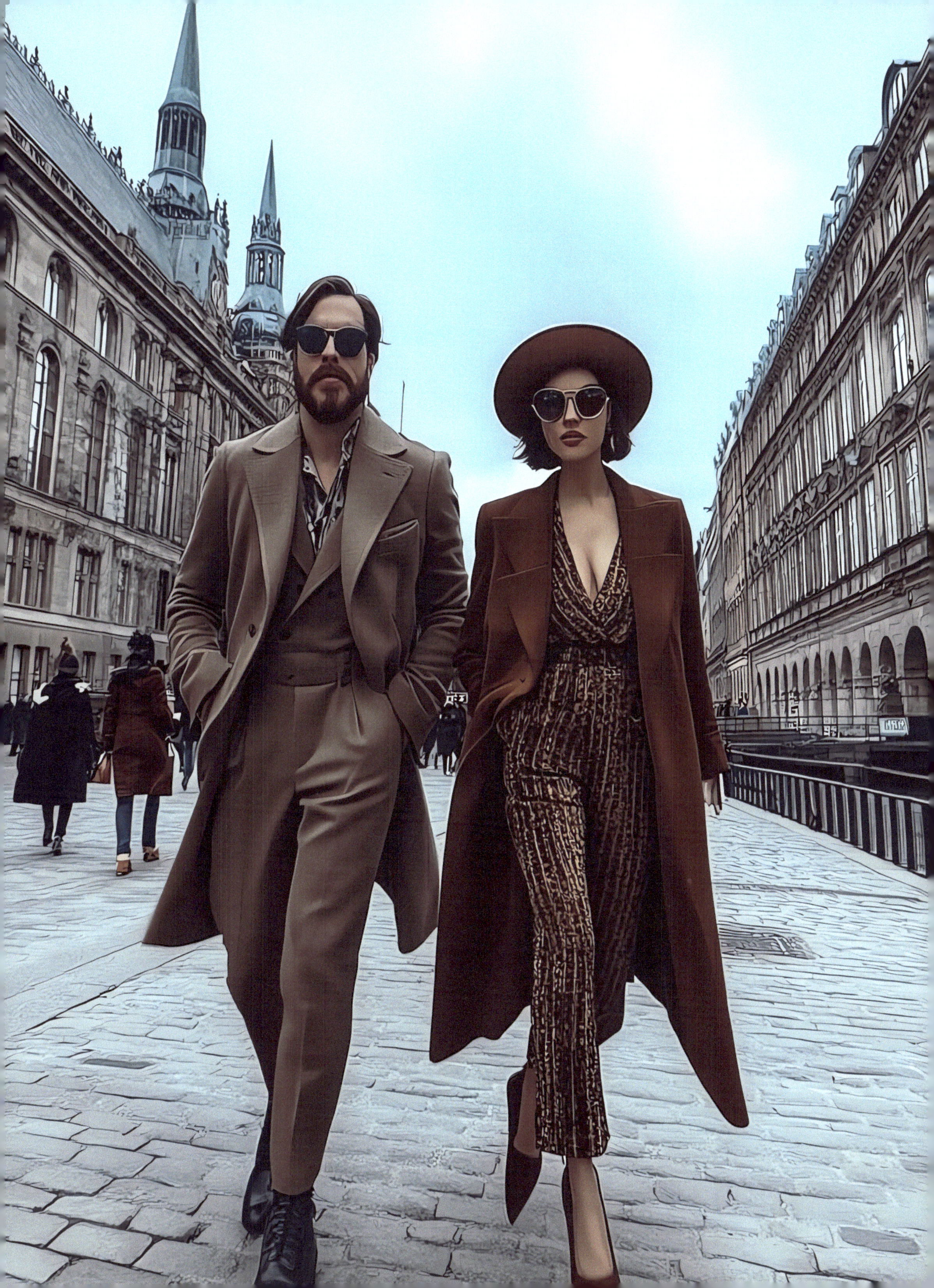

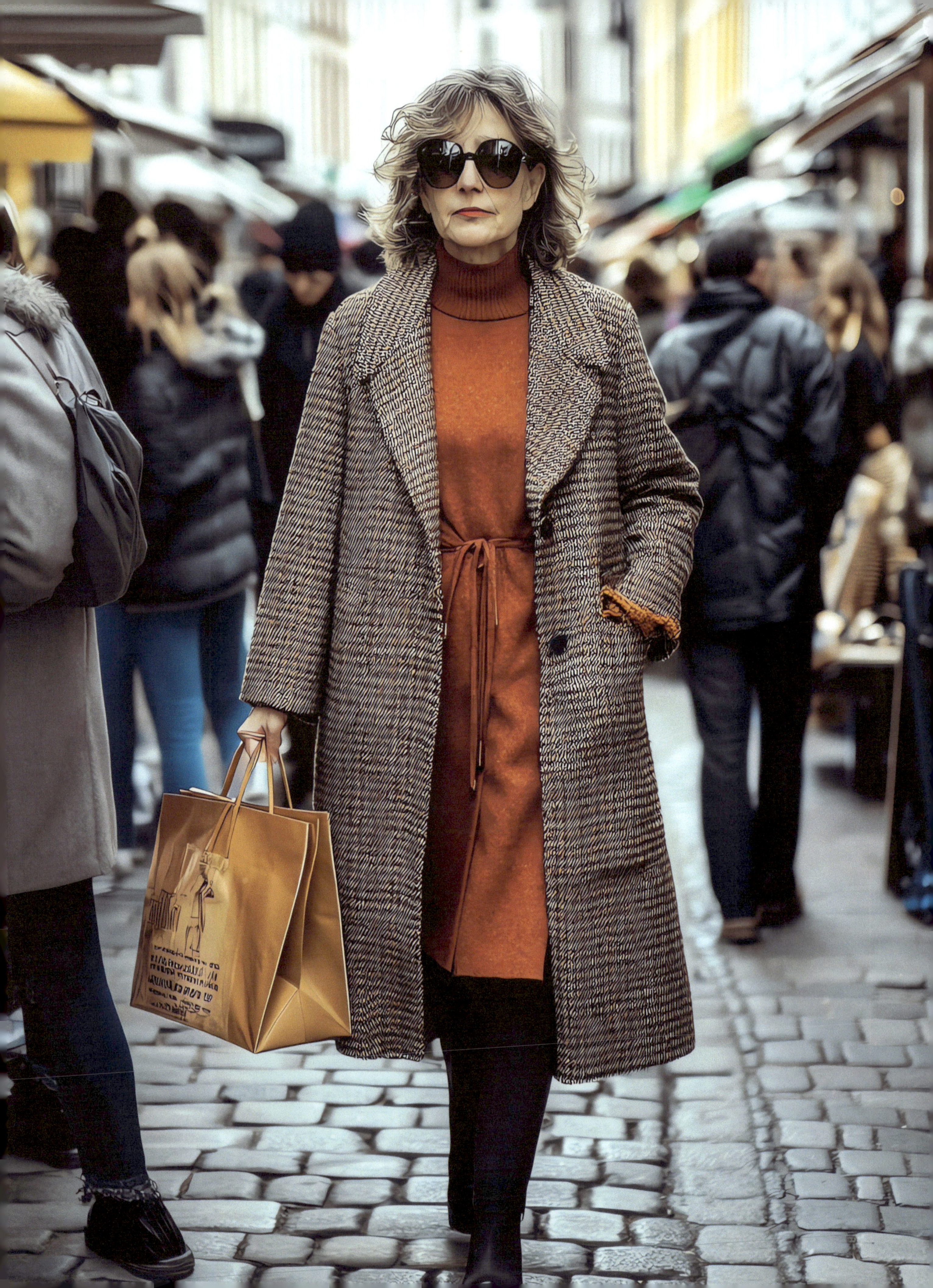

www.ingramcontent.com/pod-product-compliance
Lightning Source LLC
Chambersburg PA
CBHW040428220526
45473CB00004B/1376
9798303361850